Dott. Piero Antonio Esposito

Libro V

Della normativa urbanistica, con particolare riguardo ai regolamenti edilizi, alle legislature speciali e alle disposizioni sulle barriere architettoniche

della collana
"Manuale Tecnico del Condominio e dell'Amministratore"

I Edizione

A.I.A.S.
Associazione Italiana Amministratori Superiori
www.aiasitalia.com

Dott. Piero Antonio Esposito

1

Finito di stampare nel mese di agosto 2015.

© 2018 Piero Antonio Esposito

ISBN 978-88-944560-7-3

Dott. Piero Antonio Esposito

Dott. Piero Antonio Esposito

Dott. Piero Antonio Esposito

Libro V

Della normativa urbanistica, con particolare riguardo ai regolamenti edilizi, alle legislature speciali e alle disposizioni sulle barriere architettoniche

Dott. Piero Antonio Esposito

INDICE

Dott. Piero Antonio Esposito

Dott. Piero Antonio Esposito

Dott. Piero Antonio Esposito

Dott. Piero Antonio Esposito

Dott. Piero Antonio Esposito

Titolo I

Della normativa urbanistica

Capo I

Della definizione di urbanistica

L'urbanistica è una disciplina che studia il territorio ed ha come scopo la progettazione dello spazio urbano e la pianificazione organica delle modificazioni del territorio incluso nella città o collegato con essa.

Estensivamente l'urbanistica comprende anche tutti gli aspetti gestionali, di tutela, programmativi e normativi dell'assetto territoriale ed in particolare delle infrastrutture e dell'attività edificatoria.

Sezione I

Dell'urbanistica in Italia

L'urbanistica in Italia conosce il primo esempio di Piano Regolatore nel 1884, con l'opera dell'ingegner Cesare Beruto che compilò per la città di Milano il piano d'espansione oltre i Bastioni Spagnoli, oggi riconoscibile nella fascia tra la circonvallazione interna (sorta al posto delle vecchie mura) ed esterna.

L'urbanistica diviene una disciplina riconosciuta ufficialmente negli anni trenta con le nuove città di fondazione ad opera del regime fascista, alcune anche di alto livello urbanistico ed architettonico, come Portolago e Sabaudia.

Nel 1942 viene emanata la prima legge generale italiana di coordinamento urbanistico territoriale che prevede l'istituzione di un Piano Regolatore Generale attraverso il quale si può controllare e gestire lo sviluppo urbano.

Il dopoguerra in Italia è contraddistinto dal boom edilizio, che con le sue aberrazioni e la speculazione edilizia, generò, anche se in ritardo e insufficientemente, la cultura della salvaguardia dei centri storici e del territorio, con lo sviluppo di una legislazione di tutela.

Infatti bisogna aspettare la legge n°183 del 18 maggio 1989 "Norme per il riassetto organizzativo e funzionale della difesa del suolo" per avere una legge che tuteli l'ambiente.

Sezione II

Della legislazione in Italia

La normativa urbanistica italiana è caratterizzata, a partire dal 1942, da un sovrapporsi di norme non sempre di carattere esclusivamente urbanistico, che hanno modificato ma non hanno sostituito quelle precedenti, creando un corpus che non è mai giunto a costituire un testo unico.

Inoltre è stato costante fin dagli anni sessanta il dibattito sulla necessità di una "riforma urbanistica", mai varata dal Parlamento.

Le tappe principali di tale evoluzione sono state:
- legge 17 agosto 1942, n. 1150 (cosiddetta "legge urbanistica") emanata in tempo di guerra contiene norme per l'epoca molto innovative tese a ottemperare l'interesse sociale con quello individuale. Prescrive la pianificazione a vari livelli, normandone le modalità di approvazione; limita l'attività edificatoria per i comuni privi di strumento urbanistico; prevede la facoltà di espropriazione pubblica delle zone di espansione (mai attuata); introduce la licenza edilizia per tutti gli interventi dei privati all'interno dei

centri abitati;
- legge 6 agosto 1967, n. 765 ("legge ponte");
- legge 19 novembre 1968, n. 1187, "Modifiche ed integrazioni alla legge urbanistica 17 agosto 1942, n.1150";
- legge 28 gennaio 1977, n. 10, "Norme per la edificabilità dei suoli.";
- legge 8 agosto 1985, n. 431 ("legge Galasso") che ha introdotto l'obbligo dei piani paesaggistici, disatteso per diversi decenni;
- D.P.R. 6 giugno 2001, n. 380 "Testo unico delle disposizioni legislative e regolamentari in materia edilizia".

Capo II

Della licenza edilizia

La licenza edilizia in Italia era un atto amministrativo, primo atto urbanistico definito dall'ordinamento normativo italiano, concernente l'attività edilizia sul territorio nazionale.

Essa era rilasciata gratuitamente e a chiunque ne facesse richiesta (dimostrando però di avere un qualsiasi diritto sul terreno dove si voleva edificare).

È stata sostituita prima con la Concessione Edilizia nel 1967 e poi nel 2001 dal Permesso Di Costruire.

Sezione I

Della storia della licenza edilizia

Fu introdotta per la prima volta in Italia dalla cosiddetta "*Legge Urbanistica*" 17 agosto 1942, n. 1150. In particolare l'art. 31 della legge subordinava il suo rilascio "*alla esistenza delle opere di urbanizzazione primaria o alla previsione da parte dei Comuni dell'attuazione delle stesse nel successivo triennio o all'impegno dei privati di procedere all'attuazione delle medesime contemporaneamente alle costruzioni oggetto della licenza*".

La legge prevedeva l'adozione dei cosiddetti *strumenti urbanistici* ossia cominciava a stabilire le regole della pianificazione territoriale. Inizialmente l'atto di autorizzazione era previsto solo nell'ambito del territorio comunale "urbanizzato" (che fu inizialmente individuato con la perimetrazione dei centri abitati che i Comuni avevano l'obbligo di redigere).

Con la legge 6 agosto 1967, n. 765 (cosiddetta *legge Ponte*) l'obbligo della licenza edilizia venne esteso a tutto il territorio comunale (nel centro abitato e fuori) rimanendo comunque gratuita.

Con la legge 28 gennaio 1977, n. 10 (cosiddetta *legge Bucalossi*), la licenza edilizia fu sostituita dalla concessione edilizia diventando però un titolo oneroso: infatti dal punto di vista giuridico la modifica fu sostanziale, come da intenzioni del legislatore, il proprietario del suolo non aveva più la facoltà di costruire per il solo suo diritto derivante dal titolo di proprietà, lo *ius aedificandi*, ma egli diventava titolare del diritto previa autorizzazione onerosa tramite uno specifico provvedimento concessorio da parte della pubblica amministrazione.

Sezione II

Del permesso di costruire

Oggi sia la Licenza Edilizia sia la Concessione Edilizia sono state sostituite dal Permesso Di Costruire, (Testo unico dell'edilizia di cui al D.P.R. 6 giugno 2001, n. 380).

Tuttavia, può risultare necessario conoscere il vecchio istituto, in quanto, ad esempio, di un vecchio fabbricato edificato, che non è stato oggetto di atti abilitativi urbanistici nel passato recente, possiamo dire che se è stato costruito prima dell'entrata in vigore della legge n. 765/1967 e fuori del perimento del centro urbano (così come individuato al 1967) risulta ancora regolare.

Se invece l'immobile non soddisfi tale condizione risulta essere un abuso edilizio con le conseguenze del caso sotto l'aspetto legale, tecnico e del trasferimento della proprietà immobiliare.

L'abuso edilizio è un illecito penale che consiste nel realizzare un intervento edilizio senza permesso di costruire o senza dichiarazione di inizio attività. Si verifica quando si consegue un'opera edilizia, che può essere sia una costruzione su suolo non edificabile, ma senza approvazione, o un ampliamento del volume o della superficie, o qualsiasi modifica alla sagoma di un edificio preesistente in assenza di completa autorizzazione amministrativa.

Nel reato viene compreso anche il cambio di destinazione d'uso, privo di autorizzazione.

Capo III

Della Legge Ponte

La Legge n°765 del 1967, nota come "Legge Ponte", apporta alla Legge Urbanistica del 1942 una serie di ampie modifiche, determinanti per razionalizzare il sistema di strumenti e di controlli, dandogli la configurazione tutt'ora vigente.

Le più importanti modifiche si possono raggruppare secondo i *tre obiettivi* che la legge si propone:

• Avviare una estesa applicazione dei piani urbanistici, e garantirne il rispetto. Vengono così fissati i *termini* entro i quali il Comune, obbligato a redigere il PRG, viene sostituito dagli organi statali; si decentra agli uffici regionali del Ministero dei Lavori Pubblici l'approvazione degli strumenti minori (piani particolareggiati, regolamenti edilizi, programmi di fabbricazione). Inoltre si rende obbligatorio il regime di "*salvaguardia*" dei piani già adottati ma non ancora approvati, per impedire che i piani stessi siano vanificati da *licenze edilizie* rilasciate in contrasto con le loro previsioni. Si precisano sanzioni per le violazioni delle prescrizioni.

• Porre un freno allo *sviluppo edilizio incontrollato*. Vengono poste drastiche *limitazioni all'edificazione* in assenza di strumenti urbanistici e si stabilisce che la licenza edilizia possa essere concessa solo quando le opere di urbanizzazioni siano già esistenti o siano previste dai piani particolareggiati di iniziativa pubblica o lottizzazioni private, già approvati nelle *zone di espansione*.

• Ottenere la *partecipazione dei privati alle spese di urbanizzazione*, fino ad allora gravanti esclusivamente sui Comuni. Viene prescritto che siano a carico dei privati la realizzazione di tutte le opere di *urbanizzazione primaria* (compresa la cessione gratuita dell'area occorrente) e il versamento del contributo corrispondente a una quota dei costi delle opere di *urbanizzazione secondaria*. Tale obbligo deve essere sancito da una convenzione tra privato e Comune, *necessaria per ottenere l'autorizzazione a lottizzare*. La lottizzazione privata si affiancherebbe così al piano particolareggiato di iniziativa pubblica come strumento ordinario di attuazione del PRG nelle nuove zone urbane.

Il DPR 380/01 sopprime il dualismo agibilità-abitabilità introdotte dal Regio Decreto n. 1265 del 1934 (Testo Unico delle Leggi Sanitarie), i cui termini vengono entrambi assorbiti nel certificato di agibilità, da rilasciarsi dal dirigente o responsabile dell'ufficio comunale competente.

Il suo rilascio è fondato sull'attestazione della sussistenza dei requisiti:
- condizioni di sicurezza;
- igiene;
- salubrità;
- risparmio energetico;
- impianti installati.

La richiesta del certificato deve essere effettuata in caso di:
- nuove costruzioni;
- ricostruzioni o sopraelevazioni, totali o parziali;
- interventi sugli edifici esistenti che possono influire sui predetti requisiti;

Si ritiene che vi debbano rientrare gli interventi "sostanziali" quali ristrutturazioni, cambi di destinazione, deruralizzazioni, frazionamenti o fusioni, e quelli comportanti aumento del carico urbanistico.

Le documentazioni indispensabili da allegare sono:
- accatastamento;
- certificato di collaudo statico;
- dichiarazione di conformità dell'opera rispetto al progetto approvato a firma del richiedente nonchè l'avvenuta prosciugatura dei muri e della salubrità degli ambienti;
- dichiarazione conformità o collaudo impianti; dichiarazione conformità rispetto normativa su barriere architettoniche.

Anche questa norma sottace sugli aspetti della prevenzione incendi, acustica o similari. In seguito alle modifiche introdotte dal "Decreto del Fare" divenuto L. 98/2013 il certificato di agibilità può essere richiesto ottenuto:
- per singoli edifici o singole porzioni della costruzione, purché funzionalmente autonomi, qualora siano state realizzate e collaudate le opere di urbanizzazione primaria relative all'intero

intervento edilizio e siano state completate e collaudate le parti strutturali connesse, nonchè collaudati e certificati gli impianti relativi alle parti comuni;
• per singole unità immobiliari, purché siano completate e collaudate le opere strutturali connesse, siano certificati gli impianti e siano completate le parti comuni e le opere di urbanizzazione primaria dichiarate funzionali rispetto all'edificio oggetto di agibilità parziale.

Capo IV

Della Legge Bucalossi

Con la legge 10 del '77 si è cercato di porre l'amministrazione pubblica in una posizione decisionale e di regia, non solo attraverso l'utilizzo della pianificazione, ma anche attraverso il rilascio delle concessioni edilizie.

Questa legge stabilisce infatti che lo ius edificandi (diritto di edificare) non è più connesso alla proprietà del suolo, ma spetta all'amministrazione pubblica concederlo all'avente causa.

Si impone quindi il possesso della concessione edilizia nel caso in cui si voglia eseguire un'opera, che viene rilasciato dall'amministrazione pubblica a fronte di un determinato pagamento.

La concessione è infatti onerosa per due motivi: per ragioni urbanistiche, in quanto creando nuovi insediamenti l'amministrazione pubblica deve creare le infrastrutture che soddisfino le esigenze delle nuove opere (oneri di urbanizzazione) e per ragioni fiscali, infatti viene posta una tassa non motivata (oneri di concessione), calcolata in percentuale rispetto al costo di costruzione.

In via ordinaria la concessione dura 3 anni, pertanto se non viene completata l'opera entro tale limite il richiedente deve richiederne un'altra e quindi pagare nuovamente gli oneri legati al suo rilascio e facendo perdere il senso delle motivazioni addotte prima. I lavori inoltre devono iniziare entro 1 anno dal rilascio della concessione che deve essere immediatamente pagata.

In via straordinaria gli oneri relativi all'urbanizzazione possono essere tradotti in opere di interesse pubblico che dovranno essere realizzati durante la costruzione dell'edificio.

Gli oneri di concessione dovranno invece sempre essere pagati in denaro.

Con questa legge in particolare si è cercato di alimentare in maniera decisa gli introiti dell'amministrazione pubblica (comune) facendolo divenire così parte attiva nell'attività costruttiva.

Dott. Piero Antonio Esposito

I soldi ottenuti dal rilascio delle concessioni in particolare sono usati dall'amministrazione pubblica per:
- le opere di urbanizzazione della città;
- il finanziamento dei PPA;
- operazioni di recupero di edifici preesistenti.

Capo V

Del Testo Unico dell'Edilizia

Il Testo Unico dell'Edilizia (DPR 6 giugno 2001 n. 380), è un testo unico della Repubblica Italiana, che detta i principi fondamentali e generali e le disposizioni per la disciplina dell'attività edilizia.

Si tratta di una legge-cornice che riguarda non l'intera materia dell'urbanistica ma la sua sub-materia dell'edilizia attinente al controllo preventivo dell'attività edilizia, la vigilanza e le sanzioni contro gli abusi.

Tra le novità portate dalla normativa vi è la creazione dello sportello unico dell'edilizia, l'abolizione di alcuni atti amministrativi, quali l'autorizzazione edilizia e la concessione edilizia.

Altri elementi sono l'istituzione del permesso di costruire e l'ampliamento dell'applicazione della denuncia di inizio attività in edilizia. Inoltre vi è il procedimento amministrativo di agibilità che viene ad assorbire anche quello per ottenere l'abitabilità.

Viene anche espressa una definizione di nuova costruzione.

Il Testo Unico dell'Edilizia è stato aggiornato con la promulgazione della legge dell'11 novembre 2014, n°164, in materia di conversione, con modificazioni, del decreto legge dell'11 settembre 2014, n°133.

Capo VI

Del P.G.T. - Piano di Governo del Territorio

Il piano di Governo del Territorio (PGT) è il nuovo strumento di pianificazione urbanistica comunale, introdotto dalla Legge Regionale 11-3-2005, n. 12.

Il piano di Governo del Territorio, nell'ordinamento giuridico italiano, è uno strumento urbanistico che regola l'attività edificatoria all'interno di un territorio comunale, di cui ogni comune italiano deve dotarsi, ai sensi di legge.

Può essere adottato comunemente da più comuni; in questo caso si parla di piano regolatore generale intercomunale.

Salvo deroghe particolari, la legge prevedeva che tutti i comuni lombardi si dotassero di un PGT entro marzo del 2009.

Si articola in tre componenti fondamentali:
  • Documento di Piano
  • Piano dei Servizi
  • Piano delle Regole

Sezione I

Del Documento di Piano

Il Documento di Piano (DP) è lo strumento che identifica gli obiettivi ed esprime le strategie che servono a perseguire lo sviluppo economico e sociale, nell'ottica di una valorizzazione delle risorse ambientali, paesaggistiche e culturali. Ha validità quinquennale, e non ha effetti sul regime giuridico dei suoli.

Sezione II
Del Piano dei Servizi

Il Piano dei Servizi (PS) è lo strumento per armonizzare gli insediamenti con il sistema dei servizi, per garantire la vivibilità e la qualità urbana della comunità locale, secondo un disegno di razionale distribuzione dei servizi per qualità, fruibilità e accessibilità.

Non ha termini di validità, ed ha effetti sul regime giuridico dei suoli.

Sezione III

Del Piano delle Regole

Il Piano delle Regole (PR) è lo strumento di controllo della qualità urbana e territoriale che disciplina l'intero territorio comunale, ad esclusione degli ambiti di trasformazione di espansione (individuati dal Documento di Piano e posti in esecuzione mediante piani attuativi).

Serve a dare un disegno coerente della pianificazione sotto l'aspetto insediativo, tipologico e morfologico nonché a migliorare la qualità paesaggistica dell'insieme.

In tale contesto disciplina le aree e gli edifici destinati a servizi per garantire l'integrazione tra le componenti del tessuto edificato, nonché di queste con il territorio rurale.

Non ha termini di validità, ed ha effetti sul regime giuridico dei suoli.

Il Piano delle Regole definisce all'interno dell'intero territorio comunale gli ambiti del tessuto urbano consolidato, disciplina la regolamentazione del territorio, individua le aree e gli edifici assoggettati a tutele sovraordinate, contiene la componente geologica, idrogeologica e sismica (contenuti generali dell'art. 10 della L.R. 12/2005 e smi).

Capo VII

Dell'agibilità per immobili sprovvisti

L'annosa questione dell'insussistenza dell'agibilità sugli immobili si può presentare nei seguenti casi:
1. Patrimonio edilizio storico costruito prima del 1934;
2. Patrimonio edilizio costruito dal 1934 ad oggi.

Le norme urbanistiche vigenti non entrano espressamente in merito e sarebbe quanto meno necessario che il Legislatore provvedesse per evitare inutili contenziosi e paralisi di una parte del mercato immobiliare.

Ancora oggi infatti non esiste una specifica norma relativa agli immobili costruiti ante 1934 e sprovvisti di agibilità/abitabilità.

Titolo II

Delle forme urbane di alcune città italiane

Capo I

Della forma urbana di Milano

Milano era lo snodo obbligato di fiumi e strade e questo portò molta ricchezza grazie al commercio e alla produzione di lino e lana.

Fervente anche culturalmente, Milano divenne presto una vera e propria città e poté erigere le mura, le quali simboleggiavano l'autorità del luogo stabilendo un dentro e un fuori.

Milano conservò una pianta circolare caratteristica degli insediamenti celti su cui si sovrappone un disegno viario di impianto romano di vicoli e vie che si intersecano del foro dividendo la citta in 4 parti detti quartieri.

Fuori dalle mura, la zona suburbana comprendeva la campagna, dove sviluppò la centuriazione orientata sui fiumi Lambro, Olona, Seveso e Nirone.

Il cardo massimo è via Manzoni, via S. Margherita che terminava in Ticinese e il decumano massimo via Moneta e via Unione, inquadrando l'area dell'antico foro ubicato tra piazza San Sepolcro e piazza Pio X.

Con la divisione dell'impero Milano fu capitale occidentale dal 286 d.C.

comandata da Massimiano che si attivò per darle maggior lustro con una serie di imponenti interventi edilizi: il circo, le terme, la zecca e soprattutto la via porticata del IV sec. D. C. lunga 600 mlx6 che prolungava fuori dalle mura il decumano massimo (oggi porta romana) e terminava in un arco onorario (teatro Carcano).

Nel 374 ci fù l'elezione a vescovo di Ambrogio (337-397), uomo di grande disciplina e severità che faceva spesso digiuni e penitenze.

Durante questo periodo, con pochi edifici dedicati al culto cristiano, iniziò una forte edificazione di basiliche per le reliquie dei santi e martiri e venne introdotto il rito ambrosiano.

Morto Ambrogio che aveva sotto tutela Onofrio figlio tredicenne del defunto Teodosio, il giovane imperatore cadde in balia del vandalo Flavio Stilicone che gli diede in sposa la figlia Maria nel 398 e poi spostò la sede imperiale a Ravenna a poi a Roma lasciando Milano in balia delle incursioni dei barbari capitanati da Attila.

I bizantini sbarcati a Genova videro in Milano un punto strategico irrinunciabile, per non farla cadere in mano bizantina.

I goti, di culto ariano, massacrarono i milanesi, saccheggiarono e rasero al suolo la città nel 539.

Aiutati dai bizantini, ricostruirono le mura e si ripresero nel 555, poi occupata dai longobardi nel 569 calati in Italia dal Friuli, i quali con Teodolinda si convertirono al cattolicesimo, in edilizia costruivano in pietra piuttosto che in legno (maestri comacini cioè lavoratori che facevano uso del ponteggio esperti nel restauro) molto importanti all'epoca.

Pavia nel 781 era capitale del regno d'Italia ma l'arcivescovo di Milano ben presto divenne la figura politica e religiosa più importante.

La morte di Carlo magno del 814 e la successiva guerra tra eredi oscurò per un breve tempo il prestigio di Milano, l'arcivescovo si era schierato con i perdenti Ludovico il Pio ne preferì Pavia.

L'arcivescovo Angilberto si impegnò fortemente per il rinnovamento di

Milano, con il recupero dei vecchi edifici ecclesiastici e la costruzione di nuovi complessi monastici che divennero luoghi del dibattito e del sapere., dedicò particolare cura alla chiesa di Sant'Ambrogio.

Tra il X e XI sec. ci fu un importante ripresa demografica soprattutto nelle campagne, decadde progressivamente il ruolo politico dell'arcivescovo, ci furono assemblee popolari che si strutturarono in un consiglio ristretto da cui emerse una magistratura rappresentativa dei diversi ceti chiamata consolato, attesta dal 1097 che si ritrovavano nel broletto (orto o giardino delimitato da recinto) nella definizione celtica, qui il popolo riunito in arengo ossia in consiglio partecipava alle decisioni politiche e assisteva ai processi, per il disordine e il baccano l'arengo venne sostituito con il parlamento milanese tenuto da Alberto da Giussano, limitato a poche decine di membri, poi il consiglio si sdoppiò originando i consoli dei comuni e consoli della giustizia. Nel 1228 i consoli del comune si trasferirono nella sede di piazza dei mercanti nel broletto nuovo o palazzo della ragione.

Intorno alla sede del comune sorsero altri edifici come le carceri e la torre campanaria contribuendo alla nascita di una città nuova spinta dallo sviluppo anche amministrativo tra il XI e XIII sce., nel corso del XIII sec.

Si ricostruì il fossato e le mura in pietra inglobando la cerchia dei navigli e venne scavato il naviglio grande nel 1209 e Milano prese una forma ellittica.

Tra il XIII e il XIV sec. Milano ebbe una vitalità straordinaria, nel 1283 la zecca coniò l'ambrogino d'oro, in concorrenza con il ducato veneziano e fiorino fiorentino, segno dell'importanza economica della città, venne edificato Palazzo reale sull'area del vecchio broletto nel 1287 per volontà di Matteo Visconti, si ampliarono i navigli per rifornire d'acqua la città, la chiesa Santa Maria della scala venne eretta in onore di Beatrice Visconti (Regina della scala).

I Visconti governavano anche su Piemonte, Liguria Emilia e toscana in modo autoritario, ma riuscirono a preservare Milano dalla pestilenza e crisi economica del 1348.

Ricchezza economica e prestigio politico erano i 2 pilastri su cui si fondava il loro contributo all'architettura della città, furono insomma attenti al significato simbolico degli edifici per esaltare il loro potere.

Galeazzo II contribuì con molte risorse alla costruzione della prima versione del castello 1368 che poi si attuerà con l'impianto sforzesco, promosse il progetto del duomo (veneranda fabbrica del duomo) e della certosa di Garegnano anche il suo successore Gian Galeazzo.

L'invito di specialisti da tutta Europa per quest'opera voleva dare un valore internazionale di Milano.

Filippo Maria, successore di Gian Galeazzo ampliò i navigli per andare a Pavia con il sistema meccanico di sollevamento delle acque poi utilizzato per il trasporto del marmo per il duomo dal Verbano.

Alla morte dell'ultimo Visconti 1477 Milano era un cantiere a cielo aperto.

La prima pietra del duomo venne posata nel 1386 ma le discussioni progettuali perdurarono fino al 1401 in cui si scelse la pianta a croce latina a 5 navate.

Il tiburio vide l'apporto progettuale Leonardo e Bramante, nei 5 secoli in cui venne costruito rispettò l'evoluzione degli stili ma restando fedele al progetto originario.

La breve esperienza della repubblica ambrosiana si concluse con l'ascesa di Francesco Sforza 1401-1466 al ducato di Milano, fondò il suo potere sul matrimonio con bianca Maria visconti, alleati con i medici, favorì la chiamata di architetti fiorentini introducendo in Lombardia il lessico rinascimentale, Filarete in particolare partecipò a tutte le architetture dell'epoca milanese,nel 1457 gli venne affidata la direzione dei lavori dell'ospedale maggiore che doveva riunire tutte le fondazioni pie sparse per Milano, all'ospedale era dedicata la festa del perdono come recita l'attuale via celebrato ogni 25 marzo dell'anno dispari, i lavori vennero ultimati addirittura nel 700.

Dalla fine del 400 Leonardo venne a Milano per realizzare scenografie e consulenze su tutte le maggiori fabbriche degli sforza, nel castello suggerì alcune modifiche per migliorarne gli aspetti difensivi e residenziali, mentre per il duomo suggerì una cupola ottagonale come a Firenze che si inseriva perfettamente nell'apparato gotico della cattedrale.

Bramante poi si trasferì a Milano per vedere il duomo venne in contatto con gli artisti di Ludovico il moro e si fece ispirare dall'architettura e da Leonardo così compì la sua prima opera architettonica: Santa Maria presso San Satiro.

Nell'anno 1530 Carlo V viene incoronato imperatore a Bologna e Milano venne lasciata a Francesco II sforza figlio di Ludovico il moro che morì prematuramente, Antonio de Leyva prese il potere, vennero rafforzate le mura e il castello secondo i nuovi dettami militari per fossati e trasformandolo in cittadella a 6 punte, anno di dominazione spagnola che non minò le famiglie ricche e potenti, che divennero il principale referente degli spagnoli.

Di tale opportunità si avvalse Tommaso Marino banchiere committente di un magnifico palazzo nei pressi del duomo: palazzo Marino oggi sede del municipio su disegno dell'architetto perugino Galeazzo Alessi con tutte e 4 le facciate libere fu un esempio di manierismo milanese, vi nacque Marianna de Leyva meglio conosciuta come la monaca di Monza siamo a metà 1500, vennero edificati in questi anni palazzo Poldi Pezzoli, Durini, Gallarati Scotti, palazzo Litta e Spinola.

Carlo Borromeo nato nel 1538 dal conte Gilberto Borromeo e Margherita De Medici nel 1564 divenne arcivescovo di Milano, eletto dal papa pio IV suo zio.

Cercò di rivitalizzare la chiesa dall'interno, padre della controriforma per proteggere la città dai protestanti fece erigere monumenti religiosi che simboleggiassero la rigenerazione della chiesa, stese degli atti per limitare gli architetti nelle scelte architettoniche delle chiese stilando i principi di misure e rapporti specie nell'altare, attenzione all'acustica per le navate delle chiese, che vennero dati anche all'Alessi che avendo dato buona prova in palazzo marino gli venne affidato l'ampliamento di san Barnaba e tra il 1559 e il 60 la ricostruzione di san Vittore al corpo.

Federico Borromeo, cugino di Carlo Borromeo titolare dell'arcidiocesi dal 1595 al 1631 fu eletto Cardinale e protagonista di uno dei momenti

Dott. Piero Antonio Esposito

più difficili della storia di Milano, annate di pessimi raccolti che fecero schizzare il prezzo dei cereali, tumulto di San Martino del 1628 con assalto ai fornai, peste tra il 1631 e 32 che falcidiò la popolazione da 130.000 a 66.000 abitanti, Federico era più portato allo studio che alla energica militanza di Carlo.

Nel 1629, Marco Antonio Barattieri dedicò all'arcivescovo una pianta di Milano in cui stilò un minuzioso elenco si chiese e conventi, oltre ad inserire l'arma gentilizia dei Borromeo al posto del biscione visconteo-sforzesco.

Il trattato dei Pirenei del 1659 tra Francia e Spagna inaugurò un trentennio di pace,la coltivazione intensiva di mais scagionò carestie così diminuirono epidemie e malattie, tuttavia la situazione economica restava difficile, non si producevano più archibugi spade e armature, con una classe politica dedita al lusso.

La morte senza eredi di Carlo II di Borbone portò alla guerra con l'Austria che assediò e conquistò Milano nel 1706 comandate da Eugenio di Savoia, il patriziato si illuse di poter negoziare e mantenere la propria autonomia come con gli spagnoli.

Maria Teresa d'Austria nel 1745 guardava con sospetto alla benevolenza della classe dirigente milanese verso gli spagnoli.

Si mappò il territorio con il famoso catasto teresiano, che segnò la possibilità di tassare le singole proprietà che diedero inizio al nepotismo illuminato del successore Giuseppe II salito al trono nel 1765 e rimase correggente con la madre fino al 1780.

Il primo colpito fu il patriziato, venne inaugurato il tribunale araldico che decideva chi potesse avere titoli nobiliari, così da essere vincolati alla gratitudine verso l'Austria più che a Milano, venne gradualmente soppresso il senato nel 1786. gli successe Leopoldo II che rallentò la politica riformatrice preoccupato dalla rivoluzione francese, ormai Milano era diventata efficiente e uno stato moderno.

La carta planimetrica fu una rivoluzione, disegnata e incisa nel 1734 da Marcantonio del Re con una giusta misurazione dello spazio con una accuratezza mai vista prima. Il vento riformatore di Giuseppe II colpì anche le proprietà religiose, al decreto del 1781 che soppresse alcune corporazioni religiose, nel 1787 si ridusse il numero delle parrocchie cittadine a 40.

Santa Maria alla scala venne così demolita, e altri sedi adibite a nuove funzioni come ospedali, nel 1772 il duomo venne ultimato con la madonnina dio rame dorato 1773.

Si razionalizza l'impianto urbano, la rotonda della besana ex chiesa di san Michele ai sepolcri realizzata tra il 1713 e il 1719 venne utilizzata dall'ospedale maggiore.

Cimitero fuori le mura della città, e aperto il naviglio del Paderno che portava sino al lago di lecco e coperti alcuni tratti dei canali medioevali per ampliare le vie che vennero rifatte e si proibì di gettare immondizia per strada, mura e bastioni inutili vennero sostituiti da strade e promessa la costruzione di giardini e teatri, con un'intesa attività culturale: Parini, Ludovico Antonio Muratori.

Nel 1796 i francesi sfondarono l'argine piemontese grazie a Bonaparte e il 15 maggio entrarono a Milano.
Gli abitanti da sudditi divennero cittadini.

Venne istituita una struttura amministrativa composta da 16 membri di alta estrazione e altri 14 della borghesia illuminata e vennero istituite due formazioni militari a difesa della città.

Molto colpita fu la chiesa dalla nuova legislazione repubblicana con sedi confiscate e vendute per finanziare le truppe, formazione della repubblica cisalpina.

Bonaparte nel 1804 divenne imperatore di Francia e nel 1805 re d'Italia con al fianco Melzi d'Eril, e si spense l'entusiasmo di partenza con la conseguente dittatura personale di napoleone, l'apparato statale fu modellato su quello francese con ministri e prefetti come meri esecutori delle direttive imperiali.

Aumentarono tasse e dazi tutto a favore della Francia con esiti economici disastrosi, reggeva invece il comparto dell'industria della guerra.

Dott. Piero Antonio Esposito

La Francia si concentrò sull'urbanistica a differenza di Piermarini che lavorò sui singoli edifici con grandiosi progetti: il foro Bonaparte di Antolini in un primo tempo definito attorno al castello, nel 1801 vennero demolite le fortificazioni stellari creando lo spazio per le manifestazioni patriottiche, la prima idea non venne realizzata anche per mancanza di fondi, si decise di iniziare dalla viabilità con la via del Sempione verso la Francia che culminava nell'arco di trionfo completato nel 1837 dagli Asburgo che lo chiamarono arco della pace, area arricchita dall'arena prima in legno poi in muratura 1806 su progetto di Luigi Canonica.

Nel 1807 la municipalità si impegnò a redigere un piano regolatore con la commissione d'Ornato e i 5 architetti chiamati stesero un piano rispettoso delle preesistenze e vicino alle nuove esigenze della capitale che venne nominata nel 1800 da Napoleone.

Strade interne ampie e diritte, con enormi piazze, archi e giardini pubblici.

I lavori iniziarono nel 1807, sorsero gli archi trionfali di porta Vercellina, marengo e nuova, il teatro della scala venne ingrandito con la demolizione del convento di san Giuseppe e nel 1808 a brera fu creata la pinacoteca.

Finalmente venne conclusa la facciata del duomo ad opera di Zanoja e Amati tra il 1806 e 1813.

Napoleone venne incoronato il 26 maggio 1805 re d'Italia con la corona ferrea fatta prelevare da Monza.

Napoleone abdica a Fontenbleau il 6 aprile 1814, e il popolo insorse il 20 aprile invadendo il senato , il ministero delle finanze prima venne prelevato dalla sua casa nell'odierna piazza san Fedele e finito a bastonate, gli austriaci vennero in aiuto con un governo provvisorio annettendo la Lombardia all'impero asburgico; la creazione del regno lombardo veneto nel 1815 spense le velleità autonomistiche dei lombardi e l'inizio della restaurazione.

Due capitali Milano e Venezia, governo municipale con un podestà e 6 assessori, aumentò la pressione fiscale, si costruirono la ferrovia che porta a Venezia, si sviluppò l'editoria, sotto lo stretto controllo di Vienna che, con la sua polizia indagava il malcontento e scovava i traditori.

Gli intellettuali iniziarono a incontrarsi per capire come ribellarsi, da un lato Federico Confalonieri era un liberale moderato che cospirò e venne arrestato con Silvio Pellico ma il dibattito si animò con la giovine Italia associazione repubblicana fondata da Giuseppe Mazzini 1831 secondo cui la rivoluzione doveva passare per il popolo, e si cercò di risvegliare l'interesse civico tramite opuscoli e una propaganda capillare.

Ma su di loro si abbatté la repressione della polizia, i moderati si strinsero attorno a Gabrio Casati che cercavano il dialogo con Metternich.

Papa divenne Pio IX filoliberale, la polizia sedò un corteo filo pio IX con un morto e 60 feriti che fu il prodromo degli avvenimenti che portarono alle 5 giornate, Casati si affretto a far sapere a Vienna che le riforme erano urgenti altrimenti la convivenza con gli asburgici sarebbe diventata sempre più problematica e delegò al generale Radetzky la gestione della situazione con misure sempre più repressive, per colpire gli interessi austriaci i milanesi non fumarono più né giocarono al lotto, Casati venne trattenuto e percosso, poi con numerosi cittadini prese il municipio, iniziarono barricate in corso Monforte e le campane suonate a martello chiamando alla sommossa.

Il generale austriaco Radetzky fu costretto a barricarsi nel castello, furono 5 giorni di scontri dal 18 al 22 marzo che alla fine ritirò verso lodi.

Da lì si aprirono le porte al regno sabaudo di Vittorio Emanuele e napoleone III, giugno 1859.

Se si confrontasse una veduta di Milano di epoca napoleonica con una della prima metà dell'800, si potrebbe pensare che il volto della città non si fosse per nulla modificato, ma così non fu.

La popolazione quasi raddoppiò da 139.000 a 230.000 abitanti con una conseguente fervente attività di demolizione e ricostruzione del suburbio con uno sviluppo verticale con una redistribuzione degli spazi interni dividendo le antiche sale in appartamenti, molti palazzi vennero addirittura frazionati, anni di migliorie alla rete fognaria, lo smaltimento dei rifiuti e la realizzazione dell'illuminazione a gas. Si alleggerì il traffico tra piazza Duomo con San Babila costruendo la Galleria de Cristoforis realizzato su modello dei *passages* parigini.

Oltre al centro la zona maggiormente interessata da modifiche fu quella nord orientale, che attraverso la Villa Reale di Monza portava idealmente a Vienna, con la costruzione della porta Comasina e Orientale, e la ferrovia con Monza e Como del 1840-41.

Con l'annessione della Lombardia al Piemonte si impose la questione amministrativa, si temeva che il Piemonte imponesse la propria legge, tradizioni, usi e costumi, Cavour fu conciliante lasciando in piedi la macchina amministrativa il più possibile.

Con Rattazzi Milano non fu più capitale e in realtà anche la nomina del sindaco spettava al governo centrale, Cattaneo e Jacini così furono i promotori di una battaglia per il decentramento, volendo affiancare dei parlamenti regionali elettivi abilitati a legiferare su alcune materie. Intanto Milano si ingrandiva sull'asse nord ovest, galleria del Fréjus 1872 poi il traforo del san Gottardo.

Il 5 maggio 1881 ci fu l'esposizione nazionale a Milano per mostrare il progresso dell'industria italiana.

Nasce l'università Luigi bocconi da Federico bocconi fondatore del primo grande magazzino italiano poi chiamato rinascente da D'annunzio.

A sesto s.g. il polo siderurgico sulla via del carbone e acciaio proveniente dalla Germania, acciaierie Falk Breda e Marelli.

Urbanisticamente i problemi crebbero con industrie fumose vicino alle abitazioni degli operai, rifiuti nei navigli.

I bastioni vennero demoliti e presto occupati da abitazioni, definitiva fusione tra Milano e i corpi santi.

L'area dell'antico lazzaretto (ospedale) venne demolito lasciando spazio alla ferrovia verso Venezia e una densa edificazione abitativa.

Nella prima parte della seconda metà dell'800 l'interessa principale dell'amministrazione cittadina si concentrò sui progetti riguardanti l'abbellimento del centro storico e la realizzazione di alcuni edifici monumentali.

A seguito delle demolizioni degli edifici di fronte al teatro alla scala del 1858 si creò la piazza e quindi a seguito di un concorso pubblico si creò il collegamento tra scala e duomo sulla scia della galleria De Cristoforis con una cupola metallica a più di 30 metri dal suolo larga più di 40 come il pantheon, la costruzione della galleria iniziò nel 1866 e comportò l'abbattimento del campanile sulla navata centrale del duomo e delle antiche costruzioni circostanti.

Prima di essere definitivamente approvato il 7 settembre 1864, il progetto di Giuseppe Mengoni, vincitore del concorso dell'anno precedente, subì diverse modifiche in base a rielaborazioni dell'autore e a indicazioni più circostanziate da parte della commissione giudicatrice e della commissione d'Ornato che, dal 1807, vigilava sulla qualità architettonica-edilizia delle nuove costruzioni cittadine.

Rispetto al progetto del 1863, si notano diverse sostanziali modifiche, come l'aggiunta di due bracci più corti verso via Silvio Pellico e via Ugo Foscolo, che trasformarono il tracciato unico in un incrocio di strade con una "piazza" centrale e conferirono una più spiccata valenza urbana al disegno architettonico.

Si modificò, inoltre, lo sbocco verso la Scala, in direzione forzatamente obliqua rispetto alla piazza, da emiciclo a slargo poligonale; si configurò meglio l'apparato decorativo, e soprattutto, si modificò la volumetria della Galleria.

Urbanisticamente i problemi crebbero con industrie fumose vicino alle abitazioni degli operai, e rifiuti nei navigli. I bastioni vennero demoliti e presto occupati da abitazioni, definitiva fusione tra Milano e i corpi santi.

L'area dell'antico lazzaretto (ospedale) venne demolito lasciando spazio alla ferrovia verso Venezia e una densa edificazione abitativa.

La giunta commissionò così nel 1884 un piano di razionalizzazione a

Beruto che tenesse conto dello sviluppo urbano presente.

Beruto volle preservare la realtà ibrida di Milano in cui coesistevano industria e residenza, le radiali diramatasi dal duomo vennero collegate da una serie di anelli per facilitare il passaggio da un lato all'altro della città senza gravare sul centro, queste circonvallazioni diedero vita all'assetto a ragnatela che poteva allargarsi verso l'esterno al bisogno, meno impatto ebbe in centro e nei navigli.

verso il castello invece il piano Beruto prevede l'apertura di via Dante dove ben presto si rivelarono le mire degli speculatori contrastati efficacemente dal comune con il bando per i tre edifici migliori, il cui vincitore fu Pirovano per la sua casa con ascensore e riscaldamento con termosifoni linee elettriche e servizi igienici.

Esposizione internazionale di Milano del 1906 con l'apertura del tunnel del Sempione, nel parco Sempione vennero allestiti gli stand con in mostra il macchinarti di ultima generazione, si costruì l'acquario civico e accolse 35.000 espositori e venne visitata da oltre 5 milioni di persone, la società umanitaria che aiutava le classi meno abbienti ebbe un suo stand e reclamizzo le sue nuove case in via Solari con nuove concezioni di architettura e arredamento.

All'indomani dell'esposizione la giunta comunale presieduta da Ettore Ponti avviò la creazione di un'azienda elettrica comunale, anche per le case si creò un ente pubblico: l'istituto per le case popolari che portò a termine Mac Mahon, Spaventa e Tibaldi, ma gli alti costi costrinsero la giunta a dimettersi.

La politica edilizia e urbanistica divenne un aspetto sempre più cruciale delle amministrazioni comunali, perché muove forti interessi, incidendo in maniera significativa sugli esiti elettorali.

La nuova giunta insediatasi nel 1909 promosse un nuovo piano regolatore affidando l'incarico ad Angelo Pavia e Giovanni Masera, il cui piano divenne operativo nel 1912.

Due in particolare le problematiche da risolvere, la prima riguardava il centro dove l'apertura delle nuove strade e gli sventramenti Berutiani risultavano insufficiente al crescere del traffico sempre più congestionato, soprattutto a causa del pendolarismo operaio evidenziato dalle carenze del trasporto pubblico.

La seconda istanza riguardava le periferie a cui andava conferito un ordinamento razionale ostacolato dalla fitta maglia ferroviaria.

Si costruì quindi la stazione con un ampio vialone verso il centro città e si demolì la rete ferroviaria occidentale Si aprì l'asse tra san Babila e piazza della Scala (oggi Corso Matteotti) per alleggerire il traffico su Vittorio Emanuele, e la nuova stazione inaugurata nel 1931 a firma dell'arch. Ulisse Stacchini.

L'assenza di verde e speculazione edilizia rimanevo i grossi problemi.

La guerra del 1916 e l'epidemia di spagnola fecero diverse vittime e posero i problemi urbanistici in secondo piano.

Durante il secolo scorso si susseguirono diversi piani regolatori (1934, 1953, 1976) senza definitivamente risolvere i problemi della città secondo un'espansione concentrica pianificata precedentemente, anche l'occasione della ricostruzione post-bellica terminata intorno al 1969 deluse profondamente, Dal Co sintetizzò così:" *l'epoca delle grandi speranze non aveva mantenuto le promesse*".

Il principale obiettivo del Comune era quello di dare alloggi a una popolazione in costante e crescente aumento in epoca di boom economico.

Il largo uso di prefabbricazione mutuato da Francia e Germania andò di pari passo a una formalizzazione degli schemi costruttivi inaridendo la creatività degli architetti.
Gli abitanti dei nuovi quartieri si trovano isolati all'interno di uno spazio alienante e decontestualizzato dal tessuto urbano.

Durante gli anni settanta l'entusiasmo del "miracolo italiano" aveva lasciato spazio ad una crisi congiunturale, era il passaggio dall'industrialismo al post industrialismo, anticipatori di un passaggio alla cultura del consumo, e il dibattito della gestione del territorio si focalizzò sull'ormai evidente fallimento dell'urbanistica fatta di continui compromessi con gli attori economici finanziari, agevolati dalle ampie

Dott. Piero Antonio Esposito

zone di vuoto legislativo.

Vanno ricordati però in questi anni gli sforzi profusi per la mobilità pubblica con la creazione di tre linee metropolitane, poi il passante ferroviario presso la stazione Garibaldi.

Negli anni ottanta e novanta lo sviluppo non seguì alcun piano strategico con un disegno generale coerente e funzionale, ma si provvide al recupero del centro storico sotto il nome di "riqualificazione" secondo una nuova strategia edilizia basata non più sulla demolizione e ricostruzione, bensì sulla sostituzione o riadattamento della sua struttura interna mantenendo integre le facciate, nasce così il quadrilatero della moda nelle arre più rappresentative del centro storico con più di 500 negozi di moda e le boutique dei più famosi stilisti.

Con l'entrata in vigore del PGT (piano di governo del territorio) nel 2009 si vuole presentare uno strumento urbanistico flessibile lasciando spazio all'intervento privato tenendo salde alcune esigenze imprescindibili, con l'impegno ad accrescere le arre verdi, di non costruire su aree liberi ma riqualificare le aree industriali dismesse secondo la redazione di Piani Integrati di intervento specifici per ogni area.

Capo II

Della forma urbana di Roma

Ancora oggi molte città europee e del bacino del Mediterraneo mostrano il retaggio dello schema romano nel loro nucleo più antico.

Mentre i Greci consideravano di aver raggiunto la perfezione con la fondazione di città, preoccupandosi della loro bellezza, della sicurezza, dei porti e delle risorse naturali del paese, i Romani pensarono soprattutto a quello che i Greci avevano trascurato: il pavimentare le strade, l'incanalare le acque, il costruire fogne che potessero evacuare nel Tevere tutti i rifiuti della città.

Selciarono le vie che percorrevano tutti i territori conquistati, tagliando colline e colmando cavità, in modo che i carri potessero raccogliere le mercanzie provenienti dalle imbarcazioni; le fogne coperte con volte fatte di blocchi uniformi, a volte lasciano il passaggio a vie percorribili con carri di fieno.

Tanta è poi l'acqua che gli acquedotti portano, da far scorrere interi fiumi attraverso la città ed i condotti sotterranei, tanto che ogni casa ha cisterne e fontane abbondanti, grazie soprattutto al gran lavoro e cura di Marco Vipsanio Agrippa, il quale abbellì Roma anche con molte altre costruzioni.

Sezione I

Dello schema ellenistico

Nelle nuove colonie fondate dai Romani si assiste a varie fasi nell'evoluzione dell'impianto urbanistico. Le città fondate nel periodo della repubblica romana, almeno nella fase iniziale e centrale, presentano uno schema ancora legato al retaggio greco-ellenistico, come a Cosa o Norba latina.

Queste città hanno l'impianto con una rete stradale ortogonale, che divide lo spazio in isolati quadrangolari regolari, ma che non dispone di un preciso centro cittadino, con una o talvolta due aree sacre sopraelevate (acropoli).

Questo schema urbanistico richiamava quello di Ippodamo. In questo tipo di impianto, mancando un centro, i singoli quartieri e isolati avevano tutti un'importanza equivalente.

Sezione II

Dello schema con foro centrale

Più diffuso è lo schema organizzato su due assi principali ortogonali, il *cardo maximus* (asse nord-sud) e il *decumanus maximus* (est-ovest), che si incontrano al centro della città dove si trova il Forum.

La forma della città poteva essere quadrangolare o anche, a seconda del territorio, irregolare, ma lo schema dell'impianto era piuttosto fisso.
Un esempio ben conservato è Silchester in Gran Bretagna.

Questo schema urbanistico era probabilmente derivato dalla centuriazione romana.

Nel foro si svolgevano le riunioni politiche, veniva amministrata la giustizia, si esercitava il commercio e si svolgevano le cerimonie religiose.

Sezione III

Dello schema decentrato

Un altro tipo di schema urbanistico era quello dove il cardo e il *decumanus* non si incontravano al centro della città, ma in posizione più laterale, come a Julia Augusta Taurinorum (Torino) e ad Augusta Prætoria (Aosta).

In questo caso il modello derivò dall'accampamento romano degli eserciti.

Roma, come tutte le città di fondazione molto antica, non aveva alcuno schema preordinato e molte delle sue caratteristiche urbane erano state dovute alla forma del territorio (compresi i torrenti, i piccoli rilievi e gli acquitrini poi fatti scomparire col tempo) e ad ancestrali usi.

Il centro della vita sociale si svolgeva al Foro Romano, che si estendeva tra il Campidoglio e il Palatino ed era in comunicazione stretta con l'area mercantile del Foro Olitorio, dove si trovava il porto fluviale sul Tevere e il Ponte Sublicio, che permetteva l'attraversamento del fiume all'altezza dell'Isola Tiberina.

Col tempo il Foro Romano, affiancato dagli altri Fori Imperiali, perse la funzione commerciale per divenire un luogo prettamente monumentale e di rappresentanza.

Capo III

Della forma urbana di Napoli

La storia dell'urbanistica e dell'architettura di Napoli è l'insieme di fatti, personaggi e progetti che hanno determinato lo sviluppo urbano della città.

Parthènope, fondata sul Monte Echia dai cumani (VIII secolo a.c.), ha lasciato non molte tracce di sé, quali i resti di una necropoli del VII secolo a.c. e vari gruppi di materiali di abitato.

Neapolis fondata nel VI secolo a.c. si caratterizza per uno schema planimetrico ortogonale: tre Plateiai (i futuri Decumani: Via dei Tribunali, Via Anticaglia e Via San Biagio dei Librai), orientate in senso est-ovest, e da una ventina di Stenopoi (che saranno i Cardi) che intersecano questi ad angolo retto in direzione nord-sud, formando insule da 185 per 35 m.

L'agorà/foro di *Neapolis* è posto in asse con il decumano maggiore ed è ancora oggi visitabile negli scavi delle fondazioni della Basilica di San Lorenzo Maggiore.

Ciò è dovuto ad una circostanza: in epoca medievale, infatti, a seguito di violentissimi nubifragi, una colata di fango (Lahar) livellò quest'area che formava una sorta di valle.

Di conseguenza, il nuovo piano stradale fu ad esser rialzato - solo in questa zona - di una decina di metri rispetto al reticolo viario preesistente.

Per contro, nel resto del centro storico, quelle strade sono la stratificazione, senza soluzione di continuità, dei tracciati greci e romani, conseguentemente irraggiungibili.

Ed è questo uno degli aspetti che determina l'unicità del centro storico di Napoli, entrato a far parte dei beni Patrimonio dell'Umanità.

Due colonne di spoglio del Tempio dei Dioscuri, nel foro di Neapolis, le troviamo ancora oggi sulla facciata della vicina chiesa di San Paolo.

Dott. Piero Antonio Esposito

In effetti, fino ad un episodio sismico rovinoso nel XVII secolo, la facciata del Tempio originario era ancora del tutto integra, come ci attestano diverse acqueforti dell'epoca.

In posizioni più periferiche troviamo ancora edifici termali e stadi. In particolare, in Via dell'Anticaglia si possono osservare - inglobati nei muri delle successive costruzioni - pareti e contrafforti dell'antico Teatro, nel quale si esibì probabilmente Nerone come cantante.

Attualmente è in corso una difficilissima opera di recupero del manufatto che è sostanzialmente integro ma del tutto riempito dalle costruzioni successivamente erette.

I sepolcri sorgevano fuori le mura: sono stati individuati sulla collina di Santa Teresa, a Castel Capuano, ai Santi Apostoli, a San Giovanni a Carbonara, fra Castel Nuovo e via Verdi, sotto via Medina.

In epoca medioevale anche Napoli assiste ad una forte contrazione economica, sociale e demografica.

Sotto la dominazione angioina, nel 1262 la città divenne la Capitale del Regno di Sicilia anche se, di lì a pochi anni, con la cacciata degli Angioini dalla Sicilia, iniziò un lungo periodo di conflitti fra Napoli e la Sicilia Aragonese.

Tra gli edifici di maggior importanza costruiti in questo periodo ricordiamo il Castel Capuano che permise l'apertura della città verso l'hinterland a nord-ovest, il Castel Sant'Elmo che difendeva a monte la città, ed il Castel dell'Ovo.

Questi tre bastioni permettevano il controllo della città da nord-ovest, dalle colline del Vomero e dal mare.

Con l'avvento degli Angioini si ebbe anche l'edificazione (1279-82) di una nuova fortezza, Castel Nuovo (o Maschio Angioino), che ereditò la funzione di dimora dei sovrani di Napoli.

Tra le iniziative di Carlo I si ricordano, tra l'altro, la bonifica di vasti territori paludosi, l'incoraggiamento all'edificazione privata, la costruzione della chiesa di San Eligio, della Torre di San Vincenzo, di un ospedale e di un nuovo mercato, la sistemazione di strade, acquedotti e canali di irrigazione.

La città durante il governo aragonese si arricchì ulteriormente di fondazioni religiose tanto da far diminuire l'area edile all'interno delle antiche mura.

Napoli in quel periodo subì un sensibile incremento demografico, infatti il quel periodo si contarono circa 100.000 abitanti, di conseguenza il governo aragonese decise di allargare le mura.

Gli ottimi contatti che avevano con i Medici fecero sì che in città giungessero i migliori architetti toscani per l'erezione dei palazzi aristocratici.
Gli architetti toscani portarono anche nuovi sistemi di difesa e quindi la difesa fu potenziata e resa più efficace dalle armi tecnologiche.

Alla fine del secolo in città arrivò anche un architetto cosentino, Giovanni Francesco Mormando che insieme ai locali colleghi, ma di derivazione romana (tra questi Novello da San Lucano e Gabriele d'Agnolo), aprì una nuova stagione del rinascimento napoletano che ebbe molti seguaci nel secolo XVI tra i quali Giovanni Francesco Di Palma, allievo e genero di Mormando.

Nel XVI secolo, il viceré Don Pedro de Toledo fece espandere la cinta delle fortificazioni, che consentì di raddoppiare la superficie urbana e di collegare i tre castelli (Castel Nuovo, Castel dell'Ovo, Castel Sant'Elmo).

Le altre opere del viceregno furono la trasformazione del Castel Capuano in Tribunale grazie al lavoro di un importante architetto locale, Ferdinando Manlio che era già stato nominato architetto del regno.

In tutto il cinquecento si formarono importanti architetti come Giovanni Francesco Di Palma, Gian Battista Cavagni, Giovanni da Nola, Ferdinando Manlio ed altri.

Durante la seconda metà del XVI secolo la città si arricchì di nuove fabbriche religiose che nel secolo successivo formeranno lo stile barocco napoletano.

Gli architetti della seconda metà del secolo erano per lo più appartenenti agli ordini religiosi come il francescano Giuseppe Nuvolo, e il gesuita Giuseppe Valeriano.

Nel XVII secolo la città si espanse verso la collina di Capodimonte (quartieri popolari) e sulla Riviera di Chiaia (quartieri borghesi).

L'architettura napoletana era ancora permeata da strutture manieriste e le opere barocche erano poche e furono affidate ad architetti del calibro di Fanzago e di Lazzari; gli altri architetti, invece, si limitarono a progettare decorazioni interne di chiese e rimaneggiare i palazzi della borghesia.

Le maggiori produzioni di Barocco si presentano in San Martino e nel Duomo.

In città Dionisio Lazzari aprì una prolifica bottega che progettò i più splendidi complessi di marmi commessi.

Con la guerra di successione spagnola, Napoli passò sotto il dominio Asburgico, con l'ausilio di viceré, sebbene governarono per ventisette anni, fu molto difficile affrontare i problemi urbanistici della città.

La figura centrale della prima metà del secolo fu Francesco Solimena che oltre ad essere pittore ed un eccellente architetto, fu fondamentale anche per la formazione di altri architetti che dominarono la scena fino alla prima metà del secolo: Ferdinando Sanfelice, Giovan Battista Nauclerio e Domenico Antonio Vaccaro.

Nel 1734 con l'arrivo dei Borbone, Napoli divenne di nuovo indipendente e uno dei primi atti di Carlo III di Borbone fu la tassazione dei beni ecclesiastici, frenando così l'espansione di suoli sacri; altro atto fu quello di abbattere una buona parte delle mura per rendere la città meno congestionata; nel 1740, inoltre, fu realizzato il nuovo catasto, che fu detto "onciario", perché l'imponibile era espresso in once.

L'elemento più debole del catasto onciario fu l'assoluta esenzione dal tributo dei beni feudali, che pure venivano accertati dai rilevatori; così su iniziativa di Bernardo Tanucci nel 1738 fu approvata una "prammatica" tendente a limitare la giurisdizione feudale, ma sei anni dopo il baronaggio ne ottenne la revoca.

Nuovi architetti emersero sulla scena urbana partenopea quali Giuseppe Astarita, Nicola Tagliacozzi Canale e Mario Gioffredo; quest'ultimo aderì alla corrente del neoclassicismo allora nascente.

Con Carlo comparirono i nomi di altri architetti di varie formazioni ed estranei a quella locale come Giovanni Antonio Medrano (siciliano), Antonio Canevari (romano), Ferdinando Fuga (fiorentino) e Luigi Vanvitelli (napoletano ma di origine olandese con formazione romana).

I quattro architetti progetteranno regge, ville, e complessi sempre in gusto barocco ma con influenze classiciste.

Contemporaneamente si popolò anche la zona del vesuviano come luogo di villeggiatura dei nobili napoletani.

Nel 1775, epoca della pubblicazione della pianta del duca di Noja Giovanni Carafa Napoli contò circa 350.000 abitanti.

Nel 1779 si conferì con decreto regio la ripartizione in dodici quartieri: San Ferdinando, Chiaia, Montecalvario, San Giuseppe, Porto, Portanova-Pendino, San Lorenzo, Avvocata, Stella, San Carlo all'Arena, Vicaria e Mercato quando per la prima volta furono apposte le targhe e i numeri civici che, però, non erano altro che la riedizione delle dodici "deputazioni municipali" stabilite nel XIV secolo.

Le deputazioni furono la naturale evoluzione delle "fratrie", anch'esse una dozzina, che avevano funzioni religiose e politiche: Aristeri, Artemisi nei pressi di via Duomo, Ermei, Eubei presso il decumano inferiore, Eumelidi presso il Monte Echia, Eunostidi nei pressi del borgo dei vergini, Theodati, Kretondi presso l'attuale vico SS. Filippo e Giacomo, Kurmeni, Panclidi, Oinonei e Antinoiti nei pressi di San Giovanni Maggiore.

Alla fine del secolo XVIII, sulla scia degli ideali della Rivoluzione francese, Napoli visse un periodo che portò prima all'effimera instaurazione della Repubblica Partenopea e, agli inizi del XIX secolo, dopo un momentaneo ritorno dei Borbone, ad un periodo di occupazione napoleonica.

Dott. Piero Antonio Esposito

Giuseppe Bonaparte, fratello di Napoleone, commissionò lo sbancamento del colle di Santa Teresa e la costruzione di un ponte sul Vallone della Sanità, opere che permettono la realizzazione del Corso Napoleone, grande strada che collega la Reggia di Capodimonte con il Palazzo Reale conferendo continuità con la precedente Via Toledo; oltre a ciò istituì il catasto urbano e iniziò anche la prima soppressione degli ordini religiosi, adattando i conventi della città ad abitazioni o ad uffici pubblici.

Con l'avvento di Gioacchino Murat, si decise un programma riformatore della città che prevedeva il decentramento della stessa in campo politico e urbano.

Nonostante Napoli si arricchisse di istituzioni culturali importantissime, il periodo francese non fu dei più felici.

Sotto il regno murattiano furono aggregate alla città i casali di Bagnoli, Fuorigrotta, Poggioreale e Vomero.

Con la restaurazione, al potere ritornarono di nuovo i Borbone.

Il primo atto fu il completamento di Piazza del Plebiscito già iniziata dai francesi con l'innalzamento della Basilica reale pontificia di San Francesco di Paola (Pietro Bianchi) su imitazione del Pantheon che serviva anche a mascherare l'ingorgo urbanistico della retrostante collina di Pizzofalcone.

Nel 1839 fu istituito il Consiglio edilizio al quale funzionamento erano preposti sei commissari, ognuno dei quali si occupava di due delle dodici sezioni cittadine, e ventiquattro architetti di "dettaglio", due per ciascuna sezione.

Ne fecero parte importanti architetti come Antonio Niccolini, Stefano Gasse, Gaetano Genovese e Errico Alvino, i quali progettarono alcuni esempi di architettura neoclassica come la Villa Floridiana, Palazzo San Giacomo, Villa Pignatelli e l'Accademia di Belle Arti.

Si riprogettò il Teatro di San Carlo, la Villa Comunale, l'apertura di arterie viarie iniziate dai Francesi come Via Posillipo, la risistemazione di Via del Piliero che contribuirono allo sviluppo della città verso la collina del Vomero e di Bagnoli.

Il Consiglio edilizio rappresentò lo strumento di diffusione e di perpetuazione del gusto architettonico neoclassico, che improntò la tradizione edilizia napoletana fin oltre l'Unità d'Italia.

Alimentato dall'interesse per gli scavi di Ercolano e Pompei, risultava allineato nel complesso alla cultura architettonica delle avanguardie europee.

L'espansione edilizia continuava anche verso i casali della periferia nord.

Dopo l'Unità, i Savoia, realizzarono dei progetti di massima già iniziati dai Borbone come quello di Via Duomo, il completamento del Corso Maria Teresa, il cui nome fu cambiato in Corso Vittorio Emanuele, la prima tangenziale d'Europa che fiancheggia tuttora la collina del Vomero e la realizzazione di quartieri a est e ovest: quelli a ovest come il quartiere Chiaia furono realizzati subito mentre quelli della periferia est solo dopo il risanamento.

I nuovi quartieri nascevano su direttrici ormai differenti in rapporto a distinte destinazioni sociali: verso ovest erano a minore densità abitativa, ubicati in luoghi salubri e panoramici, destinati alla borghesia ricca; verso nord e est, vicino alle paludi del fiume Sebeto, sorgevano i quartieri malfamati destinati ai ceti impiegatizi ed al proletariato di massa.

In città furono anche realizzati i primi suoli destinati all'industria, sviluppandosi verso la piana di Bagnoli, come attestano i resti di archeologia industriale.

Per due decenni proseguiva la realizzazione di quartieri borghesi verso Chiaia come il Rione Amedeo, Via del Parco Margherita, Viale Regina Elena (oggi Viale Gramsci), il completamento del Corso Vittorio Emanuele verso Piazza Mazzini, la bonifica dell'area attorno Piazza Dante e Piazza Museo Nazionale con la realizzazione di un rione realizzato secondo i moderni sistemi di pianificazione, cioè a scacchiera, e con la realizzazione della Galleria Principe di Napoli, la prima in città.

Dott. Piero Antonio Esposito

Una delle personalità di spicco dell'architettura e dell'urbanistica del periodo fu Lamont Young che propose la realizzazione di una metropolitana che avrebbe consentito di collegare i quartieri operai con il centro e quelli borghesi.

Alcune idee di Young sul progetto hanno riscontro nel moderno quartiere di Bagnoli realizzato nell'arco di un ventennio su iniziativa del barone Candido Giusso.

Il progetto più ambizioso era quello di risanare la città bassa cioè quella protesa verso il mare, questi quartieri erano precari come condizioni igienico-ambientali; infatti nel 1884 il colera esplose e si sviluppò proprio in quella zona.

L'anno successivo fu promulgata una legge che prevedeva il risanamento ma i progetti furono attuati solo nel 1889 e i lavori durarono fino oltre la prima guerra mondiale: si realizzarono così la bonifica per la colmata delle parti più basse verso il mare, la realizzazione del Corso Umberto I (forse è la eminente opera del progetto), l'allargamento di Via Duomo, la realizzazione della zona di Santa Brigida con la realizzazione della Galleria Umberto I, il completamento del quartiere Chiaia e Vomero; con il risanamento vennero realizzati quartieri attorno Piazza Garibaldi con il cosiddetto rione delle Case nuove e la realizzazione del rione Arenaccia che espandeva la città verso Poggio realee verso Secondigliano.

Gli interventi urbanistici promossero anche l'idea di realizzare le due funicolari più antiche: Funicolare Chiaia e Funicolare Montesanto, connettendo il nascente quartiere del Vomero con il Centro storico, mentre nel 1910 fu inaugurato il tratto da Mergellina fino a Campi Flegrei della odierna Linea 2 che costituiva la prima metropolitana d'Italia.

Il risanamento si proponeva la risoluzione dei problemi urbanistici, in realtà peggiorò quelli sociali oltre a sacrificare monumenti di grande valore storico come l'abbattimento del chiostro chiostro di San Pietro ad Aram, il chiostro di Sant'Agostino alla Zecca e altri edifici.

Durante il periodo del risanamento emerse con chiarezza la gravità delle condizioni sociali e la precarietà dell'economia napoletana, tanto che nel

1904 una nuova legge statale promosse l'industrializzazione con la localizzazione di impianti produttivi a Bagnoli e a San Giovanni a Teduccio, ma ciò conseguì a effetti immediati perché non furono rispettate le condizioni proposte di Francesco Saverio Nitti: come l'allargamento del suolo comunale senza incontrare gli inconvenienti del dazio sulle merci che entravano e uscivano per la produzione di beni.

Con l'avvento del regime fascista fu approvato un pacchetto con i provvedimenti per la città tra questi, oltre all'aggregazione dei casali attorno Napoli, vi fu anche l'istituzione di un Alto Commissariato e la fondazione della Facoltà di Architettura nel Palazzo Gravina che ha formato molti degli importanti architetti di Napoli nel corso di decenni.

Nel 1939 fu approvato il nuovo Piano regolatore che funse da base per lo sviluppo urbanistico del dopoguerra.

La ripartizione in 12 quartieri del 1779 fu in questo periodo confermata con anche l'inclusione nel territorio urbano dei quartieri di Barra, Ponticelli, San Giovanni a Teduccio, San Pietro a Patierno (avvenuto il 15 novembre 1925), i Collegi Uniti (comprendente Chiaiano, Marianella e Piscinola), Secondigliano (comprendente Scampìa e Miano), Pianura e Soccavo (avvenuto il 3 giugno 1926).

Al termine delle annessioni il comune risultava con una superficie più che doppia e una popolazione aumentata di due terzi, ma non raggiunse il milione sperato da Mussolini.

Le trasformazioni avvenute nel ventennio furono in prevalenza interventi realizzati nelle zone centrali e intermedie: il Rione Duca D'Aosta, il Rione Miraglia, Il Rione Sannazzaro, il Rione San Pasquale a Chiaia, il completamento della colmata di Santa Lucia destinata alla realizzazione del quartiere omonimo, lo sventramento del rione San Giuseppe e Carità per realizzarvi la parte pubblica della città, il potenziamento dell'area portuale con la realizzazione della Stazione Marittima e del Mercato Ittico, la costruzione di nuovi quartieri della piccola borghesia e la realizzazione della Mostra d'Oltremare.

Ciò che si tentò di realizzare nel "ventennio" era di elevare l'economia locale a livello di "Porto dell'impero", in posizione cioè privilegiata nei collegamenti con le destinazioni d'oltremare e verso i possedimenti coloniali, ponendo, quindi, un elemento di discontinuità con il passato rappresentato dall'urbanistica umbertina, varata alla fine dell'Ottocento, che insisteva sui caratteri classici e monumentali.

I danni provocati dalla seconda guerra mondiale furono ingenti: le distruzioni di industrie e infrastrutture operate dai Tedeschi in fuga si sommarono a quelle degli Alleati.
La ricostruzione impegnò un arco di tempo molto lungo.

Lo spazio urbano fu considerato la risorsa cruciale su cui puntare dal punto di vista economico e politico.

Una nuova versione del PRG nel 1946 fu, tuttavia, bocciata dall'amministrazione laurina, per adattarsi ai disegni della nascente speculazione edilizia: la legge sulla Ricostruzione del 1947 concedeva ai proprietari un finanziamento dell'80% sulla spesa da sostenere per recuperare il volume distrutto.

I proprietari, tuttavia, per rifarsi sul restante 20% di spesa, decisero di vendere i diritti di ricostruzione ad ogni sorta di speculatori ed affaristi che così poterono agire indisturbati.

L'edificazione intensiva delle colline e l'addensamento di parti cospicue dei tessuti antichi sconvolse il paesaggio cittadino riducendo al minimo gli spazi dedicati al verde e saturando ogni suolo edificabile, senza lasciar posto ad attrezzature di socializzazione e senza realizzare una rete viaria adeguata.

Il completamento dello sventramento del rione San Giuseppe, con la realizzazione di parte del rione Carità, assunse un intervento emblematico, grazie all'edificazione del famigerato e incombente grattacielo della Società Cattolica delle Assicurazioni, oggi Jolly Hotel, simbolo evidente del concetto di modernizzazione che si aveva in mente all'epoca. Tale concetto, che affondava le proprie radici nel razionalismo, fu interpretato dagli architetti dell'epoca (Giulio De Luca, Luigi Cosenza, Carlo Cocchia, Uberto Siola) come una risposta allo stile di "palazzo" che aveva caratterizzato il Regno; gli alloggi furono collegati l'un l'altro in lunghi corpi di fabbrica per risparmiare sulle strutture portanti, alte circa 4 o 5 piani, tutte in linea e rigorosamente orientate.

Dott. Piero Antonio Esposito

Il piano regolatore del 1958, predisposto dalla giunta municipale guidata da Achille Lauro, e bocciato dal Ministero dei lavori pubblici per il carattere speculativo, lasciò tracce degli insediamenti di architettura popolare poi costruiti, sorti in localizzazioni comprese fra quelle proposte dal piano regolatore per l'espansione della città, completando con la concentrazione di ceti sociali più disagiati in quartieri-ghetto emarginati quali, ad es., La Loggetta e Secondigliano rispettivamente di 3800 e 7000 vani.

Tali tracce rispondevano al "movimento internazionale di architettura moderna" che traeva ispirazione dal razionalismo tedesco degli anni venti.

I processi di intensificazione residenziale avvenuti nel dopoguerra non hanno interessato solo il territorio comunale di Napoli ma anche quelli dei comuni circostanti come per esempio tra Pozzuoli e l'area ovest della città o anche tra il quartiere di Barra e San Giorgio a Cremano, assumendo le dimensioni di una grande conurbazione superpolitana, nella quale le periferie risultano degradate e vuote con flussi di pendolari che si spostano verso il centro storico nel quale di concentrano i principali commerci.

A tal proposito Francesco Rosidiresse un film sulla speculazione edilizia napoletana intitolato Le mani sulla città del 1963.

Ridotto il fenomeno della speculazione, si ebbe l'idea di collegare le periferie con trasporti pubblici tra i quali il progetto di massima della metropolitana avvenuto negli anni settanta, ma attuato negli anni successivi, con l'apertura del tratto Vanvitelli-Colli Aminei che ha decongestionato il traffico dei veicoli inquinanti, nonché la realizzazione della speculativa Tangenziale che collega i comuni della conurbazione con i quartieri più o meno centrali del capoluogo, il progetto fu proposto negli anni sessanta per una scelta strategica, rilanciata dal Boom economico e da quello edilizio.

La scelta della costruzione cadde nella realizzazione di grandi opere speculative: il Viadotto Capodichino che incombe in buona parte, con i suoi esili pilastri, le abitazioni edificate in un tempo precedente e demolendone altre per le strutture portanti, alle gallerie che corrono sotto le colline tufacee o sorvolare con arditi viadotti delicati punti.

Dott. Piero Antonio Esposito

Dopo il terremoto del 1980 furono attuati alcuni interventi del suolo comunale, soprattutto a livello centrale, e la ricostruzione delle periferie con esempi di notevole architettura popolare.

Ma la svolta fu nel 1972 con il nuovo piano regolatore che, sostituendo quello del 1939, determinava una "paralisi urbanistica" favorendo l'economia abusiva, già presente nel quartiere di Pianura e la collina dei Camaldoli, l'attuazione di piani proposti durante la ricostruzione come quello di Via Marittima e l'approvazione con la legge 167 (approvata un decennio prima ma modificata nel 1965 e nel 1971) di nuovi quartieri popolari edificati principalmente nella zona nord come Scampia e della zona est come quella di Ponticelli.

Tutto ciò fu approvato dopo il 1980 con il Piano di emergenza per i terremotati riqualificando, inoltre, i vari casali della periferia con la realizzazione di quartieri-dormitorio facendo vivere i ceti bassi con il minimo indispensabile senza realizzare ingenti opere per consolidare il tracciato urbanistico che collega il centro storico con le periferie (un collegamento parziale fu raggiunto con la realizzazione della tratta Colli Aminei-Piscinola nel 1995).

Nel programma di riqualificazione urbana era rientrato solo il Centro storico il quale tessuto è stato recuperato dopo molti anni di abbandono conservativo, da una decina di anni è in corso la riconversione architettonica di molti palazzi nobiliari in associazioni culturali.

Con la realizzazione di nuovi fabbricati a nord della periferia napoletana come nel caso di Scampia e Secondigliano si completò il piano del 1972, grazie anche all'approvazione urgente della legge 167.

Le nuove costruzioni edili furono per la prima volta "lottizzate" realizzando delle celle rionali simili a dei "ghetti". Da una parte il tessuto urbanistico risulta carente e possiede solo due assi viari principali che funzionano da cardo e decumano per accedere al quartiere, d'altra parte la destinazione d'uso – squisitamente residenziale – ha fatto registrare la mancanza di luoghi di svago e di incontro extrascolastico, nonché la carenza di centri sanitari specialistici.

Nel frattempo nelle aree predisposte avvenne il fenomeno della de-industrializzazione che comprometteva l'economia statale e cittadina: le aree delle ex acciaierie ILVA e Italsider furono proclamate archeologia industriale. Molte torri furono demolite per far posto a luoghi didattici come Città della Scienza che acquistò un padiglione industriale ottocentesco e lo fece restaurare dall'architetto napoletano di fama nazionale e internazionale Massimo Pica Ciamarra diventando uno dei tanti poli più avanzati nell'ambiente scientifico italiano.

La "febbre del calcio" dei Mondiali conferì molte speranze all'urbanistica partenopea: tutti i centri sportivi furono restaurati e adattati per poter sfruttare il massimo dei posti a sedere.

In alcuni casi, tuttavia, si compirono dei veri e propri abusi, come nel caso dello Stadio San Paolo dove fu compromessa la struttura degli anni cinquanta realizzata da Carlo Cocchia con un telaio di Acciaio che lo danneggiò sia dal punto estetico che da quello strutturale.

Il 30 maggio 1994 fu presentata a Castel dell'Ovo la "Carta di Megaride" che rappresentava il modello urbanistico al quale avrebbe dovuto fare riferimento Napoli insieme ad altre diciotto città europee.

I dieci principi fondamentali della nuova "città futura" si possono così riassumere: equilibrio tra ambiente urbano e naturale, qualità della vita, libero accesso alle informazioni, mobilità pedonale e ciclabile, sussidiarietà orizzontale, innovazione tecnologica, recupero dell'esistente piuttosto di altro cemento, sicurezza urbana, funzionalità della macchina amministrativa e cultura storica.

Il Comune di Napoli ha avviato un programma di recupero degli edifici storici, in partenariato con l'Unesco, che può contare di un finanziamento di circa 240 milioni di euro.

Il programma, tra l'altro, prevede 120 interventi che coinvolgono oltre a palazzi e chiese, anche le piazze ed altri spazi pubblici per lo sviluppo economico e sociale dell'area.

Tale iniziativa si è aggiunta all'istituzione di una Zona a Traffico Limitato (ZTL) in quanto la congestione del traffico pone in serio dubbio la stessa possibilità di percepire i valori estetici e statici della città.

Dott. Piero Antonio Esposito

Il Centro direzionale rientrava nel piano regolatore del 1939, ma fu realizzato solo negli anni novanta sul progetto di Kenzō Tange e da vari esponenti di architettura di Napoli.

Il nuovo complesso risulta ridimensionato rispetto al progetto originale; diversi fattori tra i quali, ad es., l'area costruita, e non terminata del rione retrostante hanno determinato un incremento della congestione degli assi viari e non hanno permesso di sviluppare un piano alternativo di circolazione su ferro, in quanto all'epoca il sistema di trasporti su ferro era basato essenzialmente sulle linee extra-urbane (Direttissima, la Cumana, la Vesuviana e l'Alifana).

La soluzione attuale, invece, presenta diversi livelli: in sotterraneo, anche come parcheggio, collegando, in questo modo, la Tangenziale con la Zona Industriale e decongestionando il traffico; in superficie è adibita ad uso commerciale o di svago con l'aggiunta di punti di ristorazione e di ritrovo; la parte orientale, infine, è adibita ad uso residenziale.

L'edificio, in cui è meglio espressa la perizia degli architetti napoletani, è la coppia di Torri ENEL, adibita a uffici, la quale è retta dalla trave orizzontale che risulta a sua volta retta da due corpi laterali in calcestruzzo armato dove sono ospitati i servizi e dove si trovano le scale e gli ascensori.

Attualmente sono operativi numerosi interventi di trasformazione urbana: a occidente con la bonifica di Bagnoli tramite la società Bagnolifutura SPA, ad oriente mediante il Consorzio Napoli Est per il recupero delle aree dismesse dalle raffinerie e, infine, a settentrione con l'istituzione della facoltà di Medicina a Scampia ed il completamento della metropolitana fino all'aeroporto.

L'inaugurazione di questa grande opera è avvenuta nel 1993, dopo circa quindici anni dall'apertura dei cantieri, con la tratta Vanvitelli-Colli Aminei e, nel 1995, del tratto Piscinola-Colli Aminei, e ancora, nel 2004, della tratta Vanvitelli-Dante, questa ultima caratterizzata dalla partecipazione di uomini di fama internazionale che ne hanno arricchito gli interni con opere d'arte.

Dott. Piero Antonio Esposito

Capo IV

Della forma urbana di Palermo

L'urbanistica di Palermo ha risentito molto delle varie dominazioni che si sono succedute nel corso dei secoli presentando ora una grande varietà di ambienti e scorci che rendono il centro storico come un luogo a sé stante rispetto alla cosiddetta Palermo Nuova, frutto dell'espansione incontrollata del secondo Novecento.

Il territorio su cui adesso sorge la città di Palermo si presentava come una zona semi pianeggiante, ricca di acquitrini e torrenti e protetta alle spalle da una catena montuosa (i Monti di Palermo) e a nord dal promontorio del monte Pellegrino.
Il primo nucleo della Palermo fenicia venne edificato intorno all'VIII secolo a.C. su una piccola altura nei pressi dell'attuale Palazzo dei Normanni posta all'interno di una ristretta penisola creata da due fiumi.

Le catene montuose alle spalle e la presenza di un'insenatura su cui sfociavano i due fiumi Kemonia e Papireto detta Cala, resero la città facilmente difendibile e quindi un importante sede portuale.

Il primo asse viario fu il cosiddetto Cassaro, una sorta di Decumano con orientamento Nord-Est Sud-Ovest (Mare - monti) corrispondente all'attuale Via Vittorio Emanuele. Questo asse metteva in comunicazione la Paleopolis, il primo nucleo abitato, con la Neapolis, il nuovo quartiere nei pressi del porto.

Alle spalle della Paleopolis, nell'attuale Corso Calatafimi, vi era invece la Necropoli risalente al VII secolo a.C. Durante il periodo Romano e Bizantino l'impianto urbanistico rimase pressoché immutato con l'aggiunta di alcune opere infrastrutturali e difensive.

In seguito alla conquista Araba dell'831 la città conobbe un grande periodo di espansione.

I primi arabi che assediarono Palermo si insediarono nella parte più antica della città preesistente, che chiamarono al-qasr (luogo fortificato), da qui la denominazione del Cassaro.

L'incremento della popolazione si tradusse nella nascita di nuovi quartieri posti al di là dei fiumi come l'Albergheria, vicino al Kemonia, o quello degli Schiavoni alle spalle del Papireto.

Gli Arabi mantennero comunque l'originario impianto Punico-Romano.

Nel 937 nella zona ad est della Cala venne costruita una cittadella fortificata chiamata al-halisah, meglio nota come Kalsa, in cui aveva sede l'emirato.

Quando nel 1072 i Normanni espugnarono la cittadella della Kalsa, iniziò un nuovo periodo fatto di integrazione culturale e di fioritura delle arti.

Scelsero come sede governativa il Palazzo Reale che venne fortificato e abbellito con la Cappella Palatina.

Oltre ai quartieri del Cassaro, Kalsa e Albergheria venne ampliata la zona degli Schiavoni, detta poi del Seralcadio, abitata soprattutto da arabi e, in seguito a opere di interramento del porto, questa zona venne edificata e chiamata Amalfitania (successivamente quartiere di Porta Patitelli).

Grazie alle conoscenze in campo agricolo ereditate dagli arabi, durante questo periodo sorsero molte residenze nobiliari e giardini oltre le mura cittadine, come la Zisa e la Cuba, che contribuirono alla denominazione della zona col nome di Conca d'Oro.

In poco più di due secoli la città passò dal dominio Svevo a quello Aragonese passando per quello Angioino e Chiaramontano.

Nel XIII secolo Palermo venne suddivisa in cinque quartieri: i quattro quartieri storici con l'aggiunta della Conceria, zona che prendeva il nome dalle numerose botteghe di conciatori che vi erano presenti.

Questo assetto rimase invariato fino al XV secolo.

Durante il XIV secolo si intervenne più che altro alla sistemazione edilizia cittadina e al ripristino di vecchie abitazioni.

Dott. Piero Antonio Esposito

In seguito alla bonifica dell'attuale Piazza Marina, venne edificato il Palazzo Chiaramonte di proprietà di una delle famiglie più importanti della nobiltà palermitana. Venne costruita la cinta muraria fra la Kalsa e il Castello a Mare, si sistemò Piazza Ballarò e iniziarono i lavori di risistemazione del porto della Cala in seguito ai passati interramenti.

Nel 1412 la Sicilia divenne dominio spagnolo e lo sarà fino al 1713. I primi interventi urbanistici ebbero inizio nella seconda metà del XVI secolo con il prolungamento fino a mare del Cassaro e l'apertura di Porta Felice.

Ma la svolta significativa si ebbe col taglio della via Maqueda, che prese il nome dal viceré spagnolo Bernardino di Cardines, duca di Maqueda.

Questa strada divenne il secondo asse principale della città che, tagliando perpendicolarmente il Cassaro, divideva il centro storico "in quattro nobili parti" che divennero i nuovi quartieri della città.

Si identificarono così i "quattro mandamenti" che presero anche il nome delle rispettive sante patrone e dagli edifici principali che vi avevano sede.

L'incrocio fra il Cassaro e la via Maqueda divenne il nuovo salotto della città con la realizzazione della piazza ottagonale nota come "Quattro canti", terminata nel 1620.

Altri interventi vennero svolti per il miglioramento del sistema difensivo, con la costruzione dei bastioni e il Castello a mare venne ulteriormente fortificato.

Iniziarono i lavori di bonifica dei fiumi Kemonia e Papireto resosi necessari in seguito alle frequenti alluvioni (devastante quella del 1557).

In seguito alla costruzione del Cardo, nel nuovo asse proliferarono i palazzi nobiliari e gli edifici religiosi caratterizzati dallo stile barocco tipico del periodo.

Nel XVIII secolo la zona limitrofa della città muta considerevolmente grazie all'introduzione del sistema delle ville.

Già in periodo medievale in tutta la Conca d'oro erano disseminati i cosiddetti "bagli", cortili dalla forma quadrangolare, circondati da mura e muniti di torri d'avvistamento.

La tipologia edilizia del baglio aveva principalmente una funzione difensiva ma, terminata l'era della pirateria, questi cadono in disuso e sostituiti dalle "casene" che nel XVII secolo lasceranno progressivamente il posto alle ville.

La decisione di spostarsi all'esterno della città consolidata non deriva soltanto dalla "moda della villeggiatura" incalzante nel periodo, ma è dovuta anche all'aumento della pressione fiscale all'interno della città e alla volontà dei nobili di avere una maggiore presenza nei loro fondi agricoli così da poterne tenere sotto controllo la produzione.
Le ville si dislocarono prevalentemente secondo tre direttrici: la prima a sud verso la zona di Bagheria, la seconda ad ovest verso Monreale, la terza a nord nella cosiddetta Piana dei Colli.

Le prime ville sorgeranno nei pressi del paese di Bagheria, seguendo la via già percorsa dal Principe di Butera che, costruendo una villa nella località palermitana, sposterà qui la sua residenza.

Successivamente, con lo sviluppo di nuove colture e tecniche agricole, sorgeranno una moltitudine di ville nella zona semipianeggiante della Piana dei Colli.

I bagli e le casene verranno convertite in ville mentre nuove residenze nobiliari verranno costruite in zone non edificate così da superare complessivamente la cinquantina di fabbricati.

A cavallo fra il XVII e XVIII secolo a causa della crescita la popolazione non trova spazio sufficiente per edificare nuove abitazioni in una città rinchiusa ancora dalle mura bastionate.

È in questo periodo che nascono i primi insediamenti al di fuori delle mura, primo fra tutti il Borgo marinaro di Santa Lucia, corrispondente all'attuale Borgo Vecchio, che, posto poco più a nord del centro, divenne in breve tempo un importante approdo per la città.

Altri centri erano già presenti in tutto il territorio limitrofo, le cosiddette borgate storiche, alcune di queste sorte in epoca molto antica come Sferracavallo o Mondello.

Il sistema delle ville invece spinse parte della popolazione a lasciare il centro cittadino verso la ricca zona agricola.

Così nei pressi delle residenze nobiliari, collegate al centro da una capillare rete viaria, sorgeranno questi nuovi insediamenti corrispondenti a delle appendici della città nel territorio, che avranno una notevole importanza nello sviluppo socio economico della città.

La città però necessitava di una nuova superficie edificabile e soprattutto di una direttrice di espansione.

Dopo una prima fase di sviluppo verso il vicino paese di Monreale lungo il Cassaro, si decise di cambiare versante e di optare per il proseguimento della via Maqueda.

I territori a sud erano però poco adatti all'edificabilità, vista la presenza del fiume Oreto che rendeva malsana la zona.

Così, dopo aver costruito il quartiere Oreto subito oltre le mura, si tentò di incrementare l'espansione verso il fiume costruendo anche due grandi zone di verde, l'orto botanico e la villa giulia, ma ciò non ottenne i risultati sperati anche per motivi economici: la zona a sud era infatti quella più densamente coltivata.

A questo punto la direttrice di espansione si orientò a nord, verso la Piana dei colli, una zona semi pianeggiante, fertile e arieggiata.

La decisione di spostare il baricentro cittadino verso nord avviene definitivamente nel 1778 quando il pretore, il marchese Regalmici, affida all'ingegnere Nicolò Palma il compito di creare una nuova zona che mettesse in collegamento la città antica col Borgo di Santa Lucia secondo un ordine geometrico e razionale.

La cosiddetta addizione Regalmici ripropone così l'ordine ortogonale dei Quattro canti ricreandolo all'esterno della città grazie all'incrocio fra il prolungamento della via Maqueda (ora via Ruggero Settimo) e una nuova via a essa perpendicolare, lo stradone dei Ventimiglia, oggi via

Mariano Stabile che giungeva sino al mare. Si venne a creare così un'altra piazza ottagonale, chiamata Quattro canti di campagna in contrapposizione a quella cittadina mentre grazie alla strada del Mulino a vento si creò il collegamento fra la città e il Borgo di Santa Lucia.

Nei primi decenni del XIX secolo la popolazione comincia sempre più a spostarsi all'esterno delle mura, tanto che l'amministrazione comunale nel 1819 istituisce i due nuovi quartieri Oreto e Molo e iniziano i lavori di miglioramento dei tracciati viari di collegamento.

A conferma della corretta intuizione dell'amministrazione Regalmici, nel 1848 venne tracciata verso nord la via della Libertà, chiamata dai Borboni Strada della Real Favorita, completata nel 1861 con la piazza Alberigo Gentili.
Nel 1824 viene realizzata la Real Casa dei Matti di Palermo, uno dei primi ospedali psichiatrici d'Europa.

In seguito agli attacchi al sistema bastionato da parte dei borboni e visto lo stato di degrado di molte abitazioni del centro, il pretore Duca di Verdura promosse un concorso per la presentazione di un progetto di pianificazione della città.

Il 25 settembre 1860 un gruppo di architetti e ingegneri composto fra gli altri da Giovan Battista Filippo Basile, presentò due progetti, uno "Economico", uno "Grandioso" ed alcuni elementi di quello "Medio" tutto questo poiché non si conosceva il bilancio a disposizione del comune.

Il primo, "Economico", prevedeva soprattutto miglioramenti alla maglia viaria del centro e la creazione di nuove strade nella zona nord, la lottizzazione dei terreni presso la via Libertà e l'edificazione di bagni pubblici e di due teatri.

Quello "Grandioso" si concentrava soprattutto sulla viabilità interna prevedendo un reticolato composto da altri quattro assi perpendicolari fra loro che intersecando le vie Maqueda e Cassaro dividevano la città in sedici quadranti rettangolari.

Alla fine nessuno di questi progetti venne realizzato, ma le proposte da questi lanciate influenzeranno molto la successiva pianificazione cittadina.

Nel 1866 l'Uffico tecnico comunale redige il "Piano generale di bonifica e ampliamento" che riprende alcuni elementi del progetto "Grandioso", ma favorendo uno sviluppo disomogeneo proponendo la lottizzazione e i piani ad opera di privati. È anche grazie alla grande crescita demografica che nella zona Ovest della città vengono identificati due nuovi mandamenti in prossimità delle antiche residenze normanne: Cuba e Zisa.

La città viene anche dotata di importanti infrastrutture come il prolungamento del Molo Nord per difendersi dalle frequenti inondazioni e la prima circonvallazione ferroviaria che congiunge la zona portuale con la stazione centrale.
Nell'ambito del potenziamento della mobilità urbana, nel 1887, viene istituito il servizio tramviario che vede il suo asse principale nella linea di collegamento fra Palermo e Monreale attraverso il Cassaro.

La rete, con capolinea in Piazza Bologni, nella suo percorso riesce a colmare la forte pendenza anche grazie tratti con sistema funicolare. L'intera rete verrà dismessa nel 1947 lasciando tracce visibili in alcune porzioni di binario o nel tratto più prossimo a Monreale.

La situazione igienico-sanitaria all'interno del centro peggiorava sempre di più.

La maggior parte della popolazione infatti abitava i cosiddetti "catoi", una sorta di monolocali con cortile interno e solitamente privi di pavimentazione. In queste condizioni erano molto frequenti le epidemie tanto che l'amministrazione decise di intervenire proponendo un piano di bonifica.

Nel 1885 venne approvato il "Piano regolatore di risanamento" dell'ing. Felice Giarrusso (noto appunto come Piano Giarrusso) che sostituì quello dell'ing. Luigi Castiglia che venne bocciato.

Questo piano, rifacendosi al progetto "Grandioso", prevedeva l'apertura di quattro strade perpendicolari agli assi preesistenti che creassero degli incroci ortogonali al centro di ogni mandamento.

Queste strade, dalla larghezza prevista intorno ai 20 metri, avrebbero avuto il compito di aprire la stretta e disordinata maglia viaria antica permettendo il passaggio dell'aria e della luce rendendo più salubri le varie zone.

Per dislocare la popolazione dalle zone interessate dai lavori si vennero a creare nuovi quartieri posti soprattutto in riva al mare, come nei pressi delle borgate di Romagnolo nella zona sud e dell'Acquasanta alle falde del monte Pellegrino.

Delle quattro grandi strade previste vennero realizzate soltanto l'attuale via Mongitore, che taglia parallelamente al Cassaro il quartiere dell'Albergheria, e la via Roma nonché i quartieri ortogonali alla via Roma nei pressi della Stazione Centrale (via Fiume - via Gorizia) e tra le vie Venezia - Bandiera nei pressi della Vucciria ed infine intorno al Teatro Massimo (vie Scarlatti – Amico).

La via Roma presenta un iter realizzativo molto contorto ricco di problemi burocratici e finanziari.

È l'unica via delle quattro previste ad essere stata completata, cioè è l'unica che attraversa due mandamenti (Tribunali e Castellamare correndo parallelamenta alla via Maqueda).

I lavori iniziarono nel 1895 e vennero ultimati nel 1922 e causarono la demolizione di molte abitazioni e di edifici e chiese di interesse storico, come la chiesa di S. Rosalia, dell'architetto Giacomo Amato e il palazzo Pignatelli Aragona Cortes.

Poiché i finanziamenti terminavano periodicamente, i lavori non si svolsero con continuità cosicché la strada venne realizzata a zone presentando un tracciato non esattamente parallelo alla via Maqueda (si dice anche che questa leggera deviazione sia dovuta agli interessi di ricche famiglie che sul tracciato previsto vi avevano la residenza e, in particolare dei marchesi di Celano proprietari di Palazzo Arezzo).

La via Roma divenne dunque un importante asse cittadino che metteva in collegamento la Stazione centrale con la zona portuale del Borgo Vecchio.

Dott. Piero Antonio Esposito

Per questo motivo sulla via si edificarono il Teatro Biondo e il Teatro Finocchiaro ed in epoca fascista il palazzo della Posta Centrale, senza dimenticare tutti i palazzi in stile umbertino che con la loro altezza rendevano vano lo sperato effetto di "risanamento" poiché eclissando i bassi edifici alle loro spalle impedivano il passaggio di luce e aria verso l'interno.

Così la via Roma, finanziata col denaro previsto per le cosiddette opere di risanamento, divenne più che altro una strada celebrativa e a conferma di ciò all'inizio della stessa venne posto un ingresso monumentale in piazza Giulio Cesare.

Nel 1891- 1892 si svolse un evento che anche se non lasciò prove tangibili del suo passaggio influenzò decisamente la storia urbanistica della città: la IV Esposizione Nazionale di Palermo.

Grazie all'iniziativa delle importanti e ricche famiglie palermitane, tra cui senz'altro i Florio e i Whitaker, la città si mise in "vetrina" ospitando un evento che ebbe riscontri positivi anche dal punto di vista commerciale e turistico.

I padiglioni dell'Esposizione vennero costruiti nella zona a monte di via Libertà fra le attuali piazze Politeama e Croci, nella zona nota come "firriatu di Villafranca" di proprietà del principe di Radaly.

Nel giro di qualche anno tutti i padiglioni, progettati da Ernesto Basile ispirandosi allo stile Arabo-normanno, vennero smontati, ma la risonanza della manifestazione ebbe importanti strascichi sulla storia cittadina:
- La zona prevista confermava la volontà cittadina di spostare l'attenzione sull'area a nord del centro. Il completamento della via Libertà nel 1911 segnerà appunto fermamente questa decisione trasformando questa zona nel nuovo centro direzionale della città dedicato alle classi più abbienti e dinamiche.
- La disposizione a scacchiera che si rifaceva all'impianto ortogonale parigino influenzerà la successiva edificazione della zona che al termine della manifestazione verrà lottizzata ed occupata da ricche abitazioni poste su più piani.
- Lo stile liberty d'altro canto troverà un fecondo terreno nella

nascita dei numerosi villini che le ricche famiglie edificheranno lungo la via Libertà e nelle vicine vie, come l'attuale via Notarbartolo. Anche se ormai quasi interamente demoliti per far posto ad alti condomini, lo stile liberty è ancora ben visibile nelle ville edificate nello stesso periodo soprattutto nei pressi di Mondello che, in seguito alla bonifica degli acquitrini di Valdesi, diventerà in breve tempo la spiaggia preferita dai palermitani.

Nel 1902, nei pressi del Giardino Inglese, verrà invece organizzata l'Esposizione Agricola Siciliana; attraverso un costante utilizzo dell'illuminazione elettrica, segnerà un'importante avvio di opere che sfruttino questo tipo di energia.

I primi due decenni del novecento segnano invece una profonda crisi economica che si ripercuoterà anche in ambito cittadino.
Vista la proroga del piano Giarrusso (resterà fino al 1941) i proprietari degli edifici del centro, spaventati da eventuali espropri, non effettueranno nessun lavoro di mantenimento sulle abitazioni che così sprofondano sempre più in uno stato di abbandono.

Nel contempo però segna la nascita di nuovi quartieri, come quello dell'Olivuzza e, nel 1922, iniziano i lavori per l'ampliamento del porto e vengono costruiti il quartiere del Littorio, (poi quartiere Matteotti), progettato nel 1927 da Giovan Battista Santangelo e Luigi Epifanio e concluso nel 1932, e il nuovo ospedale Civico progettato nel 1932.

Nasce poi tutta una serie di opere ispirate all'edilizia razionalista, come il Palazzo delle Poste di Angiolo Mazzoni, il Palazzo di Giustizia, il Cine Impero, le ville di Mondello, gli edifici portuali fino alla casa del mutilato di Giuseppe Spatrisano.

Nel 1939, vista la necessità di dotare la città di uno strumento che desse ordine all'edificazione di una città in perenne crescita, venne indetto un concorso nazionale per la redazione di un Piano regolatore e di ampliamento previsto per una città di oltre 700.000 abitanti. Nel 1941 furono proclamati i tre progetti vincitori ex aequo, tra cui quello di Domenico Filippone (con F. Florio e P. Villa), e quello di Luigi Epifanio, Giuseppe Spatrisano, Luigi Piccinato e Vittorio Ziino.

Tutti i progettisti mostrarono l'importanza di creare una tangenziale posta al di là della città, ma entro i rilievi montuosi che avrebbe svincolato il centro dal traffico pesante in direzione Messina - Trapani.

Ricollegandosi alle strade statali nei pressi di Sferracavallo a nord e nella zona industriale a sud e raccordandosi alla città tramite le vie radiali che da essa si dipartivano nel territorio interno, avrebbe avuto anche la funzione di dislocare il traffico agricolo proveniente dalla Conca d'Oro e diretto verso il centro.

I bombardamenti alleati della seconda guerra mondiale in particolare quelli del marzo-luglio 1943, sconvolsero la città e oltre a migliaia di morti e feriti causarono gravissimi danni al patrimonio urbanistico della città.

Nel 1944 l'Ufficio tecnico comunale redasse poi un piano regolatore in collaborazione con i vincitori del concorso, ma questo piano rimase solo sulla carta.

Fra le norme, decise anche in conformità della legge urbanistica del 1942, vi era anche l'istituzione di alcune aree destinate a verde e la decisione di impiantare un'area industriale nella zona sud presso il paese di Ficarazzi.

In seguito ai pesanti bombardamenti subiti dalla città durante la seconda guerra mondiale, nel 1945, Palermo venne inserita fra le città che dovevano adottare un piano di ricostruzione.

Fra i primi interventi vi fu la nascita di nuovi quartieri di edilizia sovvenzionata come il Villaggio S. Rosalia mentre di riflesso prese sempre più piede il fenomeno della speculazione edilizia.

Gli anni '50 vedono un'intensa attività edificatoria nella città.

Nel 1953 viene bandito un concorso per la sistemazione del quartiere Monte di Pietà che riprende il concetto di aggiungere assi paralleli e ortogonali a via Maqueda all'interno della maglia storica; il progetto non verrà però realizzato.

Nel 1956 vengono avviati i lavori per la stesura del nuovo Piano Regolatore cittadino, affidato dal Comune ai progettisti e docenti dell'università di Palermo Edoardo Caracciolo, Giuseppe Caronia, Luigi Epifanio, Giuseppe Spatrisano, Pietro Villa, Vittorio Ziino e coordinato da Vincenzo Nicoletti.

Il piano subirà oltre 25 stesure prima di venire approvato nel 1962.

Saranno numerose le modifiche subite in questo arco temporale che influenzeranno le scelte operate per la dotazione di attrezzature e verde e soprattutto per quanto riguarda gli indici edilizi.

Sono gli anni del cosiddetto "Sacco di Palermo" in cui si opera un'intensa opera di speculazione edilizia a danno del paesaggio, dei beni culturali e della dotazione di servizi per i cittadini tutto condizionato da operazioni criminali e mafiose.

Scandaloso il caso della demolizione di Villa Deliella progettata da Ernesto Basile nel 1905 e distrutta in una sola notte nel 1959.

Lo scandalo fu tale che al posto dell'edificio venne lasciato un grande vuoto dove oggi ha sede un parcheggio.

Il 1962 è anche l'anno dell'approvazione della legge 167 che impone la realizzazione di alloggi economici popolari (PEEP).

Uno di questi sarà il noto quartiere ZEN dall'acronimo Zona Espansione Nord, ancora oggi simbolo negativo di bassa qualità della vita urbana.

Progettato nel 1969 dal gruppo composto dagli urbanisti Francesco Amoroso, Salvatore Bisogni, Vittorio Gregotti, Hiromichi Matsui e Franco Purini, subisce un ampliamento tramite un Concorso nazionale per quartiere residenziale indetto da IACP, vinto da studio Gregotti, realizzato a partire dagli anni '90 e noto come ZEN 2 e sempre impostato sull'insediamento dell' "insula" così estraneo alla tradizione architettonica locale.

Il centro storico di Palermo, occupa una superficie di circa 250 ettari, risultando uno dei più estesi d'Europa.

La sua gestione è stata sempre vista come una problematica di difficile soluzione per la politica cittadina già ai tempi del rinnovamento urbanistico del PRG di Felice Giarrusso (1887) che aveva creato grandi boulevard alla parigina sventrando l'antico tessuto medievale.

Questo porzione della città fu la più colpita dai bombardamenti della seconda guerra mondiale e la grande densità insediativa unita ad un tessuto storico molto fitto, aveva favorito condizione abitative poco salubri e molto difficili.

Il PRG del 1962, pur tutelando alcune aree del centro storico, intendeva valorizzare questa ampia area con ulteriori sventramenti (famosa la cosiddetta "Terza Via" che tagliava le aree storiche lungo l'asse nord-sud), ma a conti fatti - fatte rare eccezioni puntuali con sostituzioni "moderne" di fabbricati o interi isolati - il Centro Storico rimase una zona "bloccata", anche per effetto della Legge n. 18 del 30 gennaio 1962 che rinviava il Risanamento dei 4 Mandamenti alla redazione di Piani Particolareggiati.

Tra parziali nuovi crolli per effetto dell'abbandono e mancanza di interventi e di nuove ricostruzioni, poiché era difficile riuscire a convincere gli abitanti a lasciare le proprie case nonostante queste fossero spesso in condizioni di degrado fisico ed ambientale, si rimase in questa situazione di attesa.

Il terremoto del Belice del gennaio 1968 diede una mano agli speculatori edilizi con la connivenza dell'Amministrazione pubblica che dichiarò pericolanti moltissimi edifici del Centro Storico, invogliando gli abitanti ad abbandonare il Centro Storico e trasferendo le loro residenze nella zona di speculazione edilizia, già realizzata dai costruttori mafiosi soprattutto nella zona nord.

Dal censimento del 1961 a quello del 1971 la popolazione residente del Centro Storico si riduce a meno della metà.

Questa situazione di stallo, protrattasi per molti decenni (si operava negli anni '70 per varianti puntuali dal lungo iter burocratico, Così furono realizzate molte scuole pubbliche che devastarono il tessuto urbanistico ed ancor oggi si configurano come "corpi estranei" che poco dialogano con gli edifici circostanti), si cominciò a muovere qualcosa solo a partire dagli anni '80.

Dott. Piero Antonio Esposito

Professionisti del calibro di Giuseppe Samonà e Giancarlo De Carlo, decisero di studiare questo Centro Storico così denso e pluristratificato attraverso la ricerca storica e l'individuazione di "contesti" storici particolari.

Il loro lavoro si tradusse nel cosiddetto "Piano Programma", un interessante ed utile elaborato che però non aveva nessuna cogenza normativa ed urbanistica.

Il loro lavoro però diede impulso ad una visione più organica e assolutamente positiva del centro storico.

La mancanza normativa del Piano Programma spinse l'Amministrazione comunale ad affidare all'Università di Palermo un "Piano dei Servizi" il cui compendio dei due studi avrebbe dovuto confluire in un Piano Urbanistico.

La lungaggine operativa e l'anomalia delle decisioni politiche che si basavano su studi molto lontani da quanto previsto dalla legislazione urbanistica, spinse nel marzo 1988 l'allora giunta DC-PCI del "pentacolore" del sindaco Leoluca Orlando, all'affidamento di un incarico organico di natura urbanistica che confluì nella redazione del "Piano Particolareggiato Esecutivo del Centro Storico" adottato il 16 febbraio del 1990 ed approvato dall'organo regionale il 13 luglio 1993.

Per volontà della giunta Orlando, l'incarico della redazione di questo strumento urbanistico, venne affidato a Pier Luigi Cervellati, Leonardo Benevolo ed Italo Insolera, noti urbanisti del contesto italiano, che avevano già operato in realtà similari (Bologna, Roma, Brescia, Urbino etc).

Coadiuvati dall'Ufficio Tecnico comunale palermitano, il Piano venne presentato alla città dopo circa 18 mesi dall'incarico.

Inizialmente osteggiato da professionisti locali e dall'ambito universitario per logiche clientelari e perché la filosofia del Piano andava contro appalti già ottenuti dall'ITALTER, frutto spesso di speculazioni e logiche antiche fondate sulla ristrutturazione urbanistica con ampie modifiche degli allineamenti storici, dopo lunghi dibattiti con l'organo regionale, dopo 3 anni e mezzo dall'adozione costituì un punto fermo per tutti coloro che volevano investire o i proprietari che intendevano recuperare i loro edifici storici.

Lo strumento, ancora oggi vigente, si presenta comunque come una delle più felici sperimentazioni sul campo urbanistico delle città storiche fondandosi su alcune teorie quali l'analisi tipologica e storica e il recupero e la riqualificazione di contesti storici in degrado.

Vennero individuate le tipologie edilizie sia specialistiche che insediative inserendo la tipologia del "catojo", corrispondente alla "casa solerata" o "edifici a schiera" la cui conservazione veniva spesso considerata anacronistica per il concetto dell'abitare moderno.

Attraverso l'attribuzione tipologica e la modalità d'intervento per singole unità edilizie, vennero stabilite le gamme delle destinazioni d'uso compatibili con i singoli fabbricati.

Grande rilievo ebbe soprattutto la rilettura del perimetro della città murata con reinserimento di mura e bastioni superstiti in contesti a parco urbano, nonché la valorizzazione dell'affaccio a mare sul Foro Italico ripensato come una grande distesa a prato con la creazione di un canale navigabile che reinterpretava l'originario affaccio a mare dell'antica città.

Grande importanza venne data al riuso degli spazi vuoti o liberati che vennero quasi sempre reinterpretati a fini pubblici con la costruzione di attrezzature o aree verdi.

Particolare è la considerazione delle infrastrutture viarie, che inseriva fra le opere principali due tunnel per la grande circolazione viaria (di cui uno sottomarino sotto la Cala e l'altro sotto piazza Indipendenza), al fine di circoscrivere il traffico di attraversamento all'interno del perimetro della città murata.

Dott. Piero Antonio Esposito

Titolo III

Dei regolamenti edilizi

Capo I

Delle caratteristiche del regolamento edilizio

Il regolamento edilizio è lo strumento normativo e non urbanistico che perciò norma a livello comunale le modalità costruttive della edificazione, garantendo il rispetto delle normative tecnico-estetiche, igienico-sanitarie, di sicurezza e vivibilità degli immobili e delle pertinenze degli stessi.

La regolamentazione degli aspetti urbanistico-edilizi, in Italia, è storicamente ricondotta a due strumenti tra loro complementari: il regolamento edilizio (che derivava dai preesistenti regolamenti d'ornato di epoca pre-unitaria) e le norme tecniche d'attuazione del piano regolatore generale.

Con l'art. 33 della legge 17 agosto 1942, n. 1150 (legge urbanistica) furono definiti i contenuti e le regole di integrazione con il P.R.G.. Oggi il regolamento edilizio è disciplinato, in via ordinaria, dall'art. 4 del DPR 380/2001.

È uno strumento "tecnico" nel senso che si limita a disciplinare gli aspetti tecnico-estetici, igienico-sanitari, di sicurezza e vivibilità degli immobili e delle loro pertinenze.

Il regolamento edilizio, in particolare, definisce i parametri edilizi ed il loro criterio di misurazione, le regole per la presentazione delle istanze di permesso di costruire o per il deposito della denuncia di inizio attività, quelle per la composizione ed il funzionamento della commissione edilizia, ecc.

È quindi uno strumento che si integra con il Piano regolatore o il Piano strutturale i quali si occupano invece degli aspetti previsionali (destinazioni d'uso ammesse, volumetrie consentite, ecc.), poiché definisce i parametri tecnici con i quali concretizzare tali previsioni.
Con l'evolversi della disciplina urbanistica, però, si assiste oggi ad un progressivo passaggio delle regole "tecniche" del regolamento edilizio alle norme di attuazione del regolamento urbanistico (o del P.r.g.) tanto che il primo, in molti casi, è rimasto essenzialmente un compendio di regole procedurali.

Il trasferimento della materia urbanistica alle Regioni, inoltre, ha prodotto una variata articolazione di questi strumenti che presentano sostanziali differenze, anche dal punto di vista terminologico.

Tra i parametri definiti dal regolamento edilizio (quando non direttamente contenuti nel regolamento urbanistico o nel P.r.g.), si ricordano, non esaustivamente, i seguenti:
• Distanza tra i fabbricati
• Altezza dei fabbricati
• Superficie utile (SU)
• Superficie finestrata (rapporti aero-illuminanti)
• Dimensione minima dell'unità immobiliare
• Superficie lorda di pavimento (Slp)
• Altezza dei vani abitabili
• Dimensione minima dei vani abitabili
• Disciplina e composizione della commissione edilizia
• Documentazione ed elaborati grafici necessari al rilascio di un permesso di costruire
• Documentazione ed elaborati grafici necessari al rilascio di una DIA
• Dimensioni minime e massime di Garage, soffitti.

Le amministrazioni comunali hanno piena discrezionalità nella formazione che è limitata solo da specifiche norme statali e regionali che dettano i principi generali formativi.

Il regolamento edilizio è obbligatorio per tutti i Comuni, come dispone l'art. 33 della Legge n.1150/42.

Nonostante ciò, alcuni piccoli comuni sono tuttora sprovvisti di Piano Regolatore Generale e/o Regolamento Edilizio (ad esempio in Campania essi operano con la Legge Regionale n.17 del 20/03/1982 che disciplina alcuni indici urbanistici basandosi soltanto sulla perimetrazione dei centri abitati ex lege 765/67 art. 17).

Il regolamento edilizio può essere modificato (varianti) o integralmente rinnovato a seconda delle esigenze dell'amministrazione.

Nel secondo caso è soggetto ad approvazione come se fosse redatto ex novo.

Capo II

Dell'approvazione del progetto di regolamento edilizio

Il progetto di regolamento edilizio viene adottato con Delibera di Consiglio Comunale e depositato presso la Segreteria del medesimo Comune; entro 30 giorni dal deposito, è possibile presentare osservazioni, che possono essere approvate o respinte dal C.C.; successivamente il R.E. è trasmesso alla Regione.

Soltanto dopo l'approvazione regionale e la pubblicazione su Bollettino Ufficiale della Regione, il regolamento diventa vigente a tutti gli effetti.

Al Regolamento Edilizio non si applica il più complesso iter in essere per la formazione ed approvazione dei Piani urbanistici. (vedi R.U.E.C, L.R. 16/2004, art.28)

Capo III

Della normativa sismica in Italia

L'Italia è un territorio dalla forte vocazione sismica; sebbene dati veri e propri di questi eventi, soprattutto intorno all'anno 1000, sono difficili da conoscere e interpretare in quanto classificabili solo per l'evidenza del danno, esiste un Catalogo Parametrico dei Terremoti Italiani (CPTI11) realizzato dall'INGV.

Particolare attenzione meritano due eventi, i cui effetti furono particolarmente distruttivi con una magnitudo Mw pari a 6; il terremoto del 1627 e quello del 1646.

Quello del 30 luglio 1627, che fu particolarmente gravoso nella zona del Sannio e delle puglie, è uno dei più forti di quell'epoca con una magnitudo Mw Richter pari a 6.7 e un'intensità epicentrale Io 10 MCS.

A seguito di questo tragico evento fu brevettato il primo metodo antisismico conosciuto in Italia, noto come "costruzione baraccata alla beneventana".

Il 5 febbraio del 1783 un altro evento sismico colpì il sud Italia e nello specifico la Calabria; le scosse dei mesi successivi porteranno ad un bilancio finale di circa 35000 vittime e viene emessa la Legge del Marzo 1784 denominata "Istruzioni per la ricostruzione di Reggio" in cui si conferma l'utilizzo del sistema baraccato istituendo così il codice borbonico antisismico.

Nel 1859 con il terremoto di Norcia e a seguito di quello che colpì il napoletano nel 1857 che fece 12000 vittime, il Governo Pontificio di Pio IX emanò il Regolamento edilizio nel quale si fissarono 4 limiti fondamentali:

• altezza massima della struttura pari a 8.5 m;
• spessore minimo delle murature che, anche per quelle interne, doveva essere 60 cm;
• le murature esterne dovevano avere una scarpata di almeno un ventesimo dell'altezza;
• si definiva il collegamento tra muri interni ed esterni.

Nel 1884 a seguito del terremoto di Casamicciola (Ischia) venne emessa la Legge n.1985 del 5 marzo del 1884 in cui si definivano:
- altezza massima delle nuove costruzioni pari a 10 m;
- vietate le costruzioni spingenti;
- limitati gli aggetti ai balconi a 60 cm.

Nei primi anni del '900, con il Regio Decreto n. 193 del 18 Aprile 1909 (G.U. n. 95 del 22 Aprile 1909), nascono le "Norme tecniche ed igieniche obbligatorie per le riparazioni ricostruzioni e nuove costruzioni degli edifici pubblici e privati nei luoghi colpiti dal terremoto del 28 dicembre 1908 e da altri precedenti elencati nel R.D. 15 aprile 1909 e ne designa i Comuni." e Circolare n. 2664 del 20 Aprile 1909 "Istruzioni tecniche":
- l'esclusione delle strutture spingenti;
- il collegamento fra le strutture;
- la limitazione di 5 metri tra le strutture portanti;
- che le costruzioni fossero realizzate con ".... una ossatura in legno, di ferro, di cemento armato o di muratura armata", limitando la muratura, in mattoni o in blocchi di pietra squadrata o listata, alle costruzioni di un solo piano;
- esclude l'edificabilità su siti inadatti (paludosi, franosi, ecc...).

Con la legge n.64 del 2 febbraio 1974 si approva il primo documento che prevede una classificazione sismica nazionale del territorio e si iniziano a definire le prima norme tecniche.

Sulla base delle indicazioni emanati dalla legge 64 sono stati emanati vari decreti tra cui quelli relativi ai carichi e sovraccarichi e quelli contenenti prescrizioni per le costruzioni in zona sismica, culminati in due distinti D.M. emanati il 16/01/1996.

Il Decreto Ministeriale del 9 Gennaio 1996. (G.U. n.29 del 5/02/1996) "Norme tecniche per il calcolo, l'esecuzione ed il collaudo delle strutture in c.a. normale e precompresso e per le strutture metalliche" segna un passaggio importante. Emanato sulla base delle indicazioni della Legge n. 1086 del 5 Novembre 1971.

Con tale Decreto:
a. non si fa più riferimento al numero di piani di un edificio, ma alla sua altezza massima;
b. anche nelle zone sismiche è possibile adottare il metodo di

verifica agli stati limite oltre a quello alle tensioni ammissibili;

c. vengono limitati i danni alle parti non strutturali ed agli impianti attraverso il controllo degli spostamenti;

d. si introduce un coefficiente di risposta R dipendente dal periodo della struttura per la definizione delle forze sismiche.

Nel 2003 con l'Ordinanza del Consiglio dei Ministri OPCM n. 3274 del 20 Marzo 2003 (G.U. n. 105 del 8/05/2003) nasce il documento "Primi elementi in materia di criteri generali per la classificazione sismica del territorio nazionale e normative tecniche per le costruzioni in zona sismica".

Per la prima volta si recepivano i contenuti degli Eurocodici, rendendo obbligatorio il calcolo semiprobabilistico agli stati limite e l'analisi dinamica con spettri di risposta.

La progettazione inizio a favorire la plasticizzazione di alcune parti della struttura rispetto ad altre (*Criterio di Gerarchia delle Resistenze*). Essa inoltre conteneva i criteri per l'individuazione, formazione ed aggiornamento delle zone sismiche, introducendo una quarta zona a bassa sismicità, dove tutto il territorio nazionale venne classificato come sismico e suddiviso in 4 zone, caratterizzate da pericolosità sismica decrescente.

Il D.M. 14/01/2008 "Norme Tecniche per le Costruzioni" entra in vigore nel 1 luglio 2009 a seguito del terremoto dell'Aquila dell'aprile 2009.

Nonostante qualche dettaglio che ricorda il passato, questa norma rappresenta un pieno recepimento degli Eurocodici, che sono espressamente richiamati come norme utilizzabili in Italia. Essa ribadisce la centralità del metodo semiprobabilistico agli stati limite nella verifica della sicurezza delle costruzioni.

Il metodo delle tensioni ammissibili viene ancora citato, ma il suo utilizzo è limitato al caso di edifici ordinari ricadenti in zone a bassissima sismicità.

Dopo circa 10 anni di essenza di decreti o circolari riguardanti aggiornamenti o supplementi alle Norme Tecniche, è stato pubblicato e da poco entrato in vigore il Nuovo D.M. 17/01/2018"Aggiornamento delle Norme Tecniche per le Costruzioni".

Tale Decreto porta in sé alcuni differenze rispetto al precedente, non molto rilevanti, ma sicuramente risulta essere più chiaro ed esaustivo su molti aspetti, nei riguardi di verifiche di resistenza, duttilità, aspetti geometrici ecc.

Dott. Piero Antonio Esposito

Capo IV

Degli altri regolamenti

La definizione di aspetti specifici delle previsioni urbanistiche è demandata, oltre che al regolamento edilizio, anche ad altre regolamentazioni tra le quali, ad esempio:
- Regolamento acustico
- Regolamento del verde

Capo V

Della certificazione acustica in edilizia

Le nuove norme che disciplinano i livello di inquinamento acustico negli edifici.

In materia di certificazioni, oltre alla più conosciuta certificazione energetica, esiste anche quella acustica, con tutte le differenza del caso.

Quando si parla di inquinamento da rumore, occorre sapere che il certificato viene rilasciato sulla base di alcuni test, svolti nelle varie stanze dell'immobile.

A differenza dell'efficienza energetica, che si basa sulle prestazioni della casa e dei suoi elettrodomestici, in questo caso le classi sono 4, una per ogni tipologia di rumore: dall'ambiente meno rumoroso (prima classe) a quello con un tasso più elevato di rumore (quarta classe).

Questo tipo di certificato deve essere redatto obbligatoriamente per tutti i tipi di edificio, anche quelli ad uso industriale, agricolo e artigianale. Discorso diverso invece per gli edifici come scuole, ospedali e case di cura dove la disciplina si basa su parametri un po' diversi.

I rumori considerati quando avviene la valutazione sono il calpestio e il rumore degli aerei, quello causato dagli impianti a funzionamento continuo e discontinuo e l'isolamento della facciata.

La norma, entrata in vigore dal 31 dicembre 2011, prevede che tutti gli edifici di nuova costruzione dovranno obbligatoriamente dotarsi della certificazione acustica , così come chi deciderà di affittare o vendere il proprio immobile.

Se invece la casa è stata costruita prima dell'approvazione della norma, non ci sarà bisogno della valutazione, a meno che non si decida per l'affitto o la vendita si dovrà a questo punto dotarsi della certificazione acustica.

Dott. Piero Antonio Esposito

Sezione I

Dei requisiti di base per eseguire la certificazione acustica

Se si tratta di un nuovo immobile, la certificazione acustica richiesta si basa Con la legge 10 del '77 si è cercato di porre l'amministrazione pubblicasulla verifica dei requisiti acustici passivi degli edifici.

Nello specifico questi ultimi devono avere un buon livello di isolamento l'uno dall'altro e non devono superare la soglia di rumore proveniente dall'esterno, sulla base di parametri stabiliti per legge.

In più, come accennato, anche il calpestio è un parametro che viene preso in considerazione per la misurazione e deve attestarsi entro certi valori.

In ultima istanza l'esame toccherà anche alle sale caldaie, nel caso di riscaldamento a carburante, agli eventuali motori utilizzati per il sollevamento e lo spostamento dell'acqua e al rumore degli ascensori: di questi oneri se ne occupa il costruttore, ovvero l'azienda che realizza l'intero edificio, oppure i condomini nel caso in cui alcune opere e macchinari vengano realizzati successivamente.

I Comuni sono i soggetti maggiormente interessati al controllo dei requisiti di insonorizzazione acustica da parte delle aziende operanti nel territorio e degli immobili.

Sezione II

Della richiesta ed esecuzione della perizia per la certificazione acustica

La richiesta deve essere a carico del costruttore dell'edificio (l'impresa che esegue i lavori), mentre la certificazione può essere eseguita da tecnici esperti nel campo dell'acustica e delle vibrazioni.

Questa figura deve necessariamente essere abilitata sotto il profilo giuridico e inoltre preparata nello stabilire i valori di rumore, facendo in modo che questi rispecchino effettivamente la realtà delle cose.

Dott. Piero Antonio Esposito

Da aprile 2017 la sezione riguardante la figura professionale dedicata al rilevamento acustico è stata implementata; in sostanza sono stati determinati con precisione i criteri generali per poter esercitare la professione ed è stato disciplinato l'elenco nominativo dei soggetti abilitati istituito presso il Ministero dell'Ambiente e i requisiti necessari per l'iscrizione.

Spesso le rilevazioni vengono compiute dai tecnici dell'ARPA (agenzia regionale per la protezione ambientale), ma anche da periti di aziende private certificate.

Sezione III

Delle nuove regole per la certificazione acustica

Altre sezioni della norma che sono state riviste e regolamentate più dettagliatamente riguardano:

1. La valutazione dell'impatto acustico: vengono modificate le modalità e i termini di presentazione della relazione sullo stato acustico del Comune. Inoltre prevede che la valutazione di impatto acustico di infrastrutture di trasporto (lineari, aeroportuali e marittime) deve considerare i casi di concorrenza tra le diverse infrastrutture interessate. Infine vengono promulgati nuovi regolamenti per le sorgenti di rumore attualmente non considerate dalla normativa ed è stata aggiornata la disciplina delle emissioni sonore prodotte nello svolgimento di attività sportive. Alla definizione di 'sorgenti sonore fisse' vengono aggiunti gli impianti eolici.

2. L'inquinamento acustico da macchine rumorose: con il Dlgs 41 del 17 febbraio 2017 è stato colmato un vuoto normativo relativo alle macchine rumorose operanti all'aperto e regolamentate dalla Direttiva 2000/14/CE, importate da Paesi extracomunitari e messe in commercio nella distribuzione di dettaglio, per le quali non sia stata prodotta la certificazione e la marcatura CE, e a prevenire possibili procedure di infrazione nei confronti dell'Italia.

3. Mappature acustiche: il decreto introduce l'obbligo per i Comuni

di redigere le mappature acustiche secondo i criteri e le specifiche dettati dalla Direttiva Inspire (2007/2) e prevede, a decorrere dal 31 dicembre 2018, metodi comuni per la determinazione del rumore stabiliti dalla Direttiva 2002/49/CE.

Dott. Piero Antonio Esposito

Titolo IV

Delle barriere architettoniche

Capo I

Delle caratteristiche delle barriere architettoniche

Le barriere architettoniche sono elementi che limitano o impediscono ai disabili di utilizzare uno spazio o un servizio.

Una barriera architettonica potrebbe essere tale per alcune persone e non rappresentare una difficoltà per altre e le leggi in materia servono a definirle e a eliminare qualsiasi ambiguità.

Per una definizione di barriera architettonica si può fare riferimento al Decreto del Presidente della Repubblica del 24 luglio 1996, n. 503, che al punto 2 recita:
"Per barriere architettoniche si intendono:
1. gli ostacoli fisici che sono fonte di disagio per la mobilità di chiunque ed in particolare di coloro che, per qualsiasi causa, hanno una capacità motoria ridotta o impedita in forma permanente o temporanea;
2. gli ostacoli che limitano o impediscono a chiunque la comoda e sicura utilizzazione di spazi, attrezzature o componenti;
3. la mancanza di accorgimenti e segnalazioni che permettono l'orientamento e la riconoscibilità dei luoghi e delle fonti di pericolo per chiunque e in particolare per i non vedenti, per gli ipovedenti e per i sordi."

Nel nostro paese, la legge di riferimento è la Legge 13/1989, insieme al suo regolamento di attuazione, il Decreto Ministeriale D.M. 14 giugno 1989, n.236.

La legge identifica le "disposizioni per favorire il superamento e l'eliminazione delle barriere architettoniche negli edifici privati" e comprende anche gli edifici residenziali pubblici, di nuova costruzione o da ristrutturare.

La Legge 13/89 prevede anche i contributi per l'abbattimento delle barriere architettoniche negli edifici già esistenti, destinati alle persone che hanno limitazioni di movimento.

Il Decreto attuativo identifica con precisione "le prescrizioni tecniche necessarie a garantire l'accessibilità, l'adattabilità e la visitabilità degli edifici privati e di edilizia residenziale pubblica, sovvenzionata ed agevolata".

Capo II

Delle leggi e norme per la tutela della libertà di movimento

Disabilità e barriere architettoniche sono due concetti usati nello stesso contesto quando si parla di mobilità e di difficoltà temporanee o permanenti che limitano la capacità di movimento di una persona.

La Convenzione O.N.U. sui diritti delle Persone con disabilità, ratificata dal Parlamento italiano nel 2009, identifica con precisione la disabilità come "il risultato dell'interazione tra persone con minorazioni e barriere attitudinali ed ambientali, che impedisce la loro piena ed efficace partecipazione nella società su una base di parità con gli altri".

Il terzo termine fondamentale è accessibilità, che rappresenta un indice di civiltà per ogni paese che se ne fa carico attraverso leggi e normative.

L'accessibilità identifica e riassume la capacità e la possibilità di accedere a uno spazio, di muoversi liberamente al suo interno e di usufruire di servizi in maniera indipendente, al pari delle persone che non hanno limitazioni.

Si parla di diritto alla libertà di movimento all'interno della propria abitazione così come, per esempio, del diritto di accedere a luoghi e uffici pubblici, di prendere un autobus o la metropolitana, di andare al cinema o di accedere a una spiaggia durante una vacanza, oppure di usare un bagno pubblico.

Molti sono i casi in cui muoversi in libertà e in modo indipendente può essere difficile se non impossibile, come nella terza età, dopo un incidente dalle conseguenze più o meno gravi, nei nove mesi di una gravidanza durante i quali una donna è più attenta a spostarsi e viaggiare in sicurezza.

Un luogo o un servizio accessibile per definizione agevolano le persone con limitazioni temporanee o permanenti e consente loro di viverlo e usarlo al meglio.

Capo III

Dei criteri fondamentali

I tre criteri fondamentali contenuti e descritti nel decreto sono accessibilità, adattabilità e visitabilità:

- *Accessibilità:* un edificio e le sue unità immobiliari e ambientali sono accessibili se anche le persone che hanno capacità motoria o sensoriale ridotta o impedita possono entrare e vivere gli spazi e utilizzare le attrezzature presenti in sicurezza e autonomia
- *Visitabilità:* i luoghi privati come la casa e il posto di lavoro sono visitabili se chi ha capacità motorie o sensoriali ridotte o impedite può raggiungere gli spazi di relazione e almeno un bagno
- *Adattabilità:* uno spazio viene modificato per renderlo accessibile e fruibile anche da persone che hanno capacità motorie o sensoriali ridotte o impedite

I criteri esprimono anche tre livelli di qualità dello spazio costruito, dove l'accessibilità indica la possibilità di fruizione totale, la visitabilità un'accessibilità limitata ma comunque garantita per le funzioni fondamentali e l'adattabilità un livello ridotto di accessibilità.

Il Decreto del Ministro dei lavori pubblici stabilisce anche i criteri di progettazione per l'accessibilità per i componenti di ogni unità ambientale nei suoi spazi interni ed esterni, con tutte le specifiche relative alle funzioni e alle dimensioni (le dimensioni delle porte e l'altezza delle maniglie, il dislivello massimo di un pavimento, l'altezza dei terminali degli impianti – per esempio il citofono) e comprende le categorie, le caratteristiche e le misure dei servoscala e delle piattaforme elevatrici.

Quando l'edificio privato è un condominio e sono necessari lavori di superamento delle barriere architettoniche, oltre alla Legge 13/89 entra in gioco anche la Legge 220/2012, che ha adeguato i vecchi articoli del Codice Civile risalenti agli anni Quaranta, stabilito nuove regole per i condomini e normato gli interventi straordinari come l'abbattimento delle barriere architettoniche, definendo il processo di approvazione durante le assemblee condominiali.

Sezione I

Dell'edilizia abitativa: l'alloggio

Gli alloggi degli edifci di uso residenziale abitativo, di cui all'art. 5, lett. b) della Legge, devono sempre garantire la visitabilità e l'adattabilità, secondo le disposizioni di cui all'art. 14 della Legge.

Sezione II

Della visitabilità

Per garantire la visitabilità di un alloggio alle persone disabili è necessario siano rispettate le seguenti minime prestazioni:
• le porte di ingresso alle unità abitative devono permettere il passaggio di una carrozzina e comunque avere una larghezza non inferiore a m. 0.90;
• le porte interne di accesso alla zona a giorno e ad un servizio igienico devono avere una dimensione non inferiore a m. 0.80.

Sezione III

Dell'adattabilità

Gli alloggi si dicono adattabili quando, tramite l'esecuzione di lavori che non modificano né la struttura, né la rete degli impianti comuni degli edifici, possono essere resi idonei alle necessità delle persone disabili garantendo le seguenti minime prestazioni:

• corridoi: larghezza non inferiore a m. 1.20 in caso di corridoi lungo i quali si aprono porte ed in corrispondenza ad un angolo retto del corridoio stesso;

• cucina: larghezza di passaggio interno di m. 1.50 oppure spazio libero interno di almeno m. 1.35x1.50 tra i mobili, le apparecchiature e l'ingombro di apertura delle porte;

• bagno: spazio libero interno per garantire la rotazione di una carrozzina o comunque non inferiore a m. 1.35x1.50 tra gli apparecchi sanitari e l'ingombro di apertura delle porte; porte apribili preferibilmente verso l'esterno o scorrevoli; spazio per l'accostamento laterale della carrozzina alla vasca da bagno ed alla tazza del gabinetto;

• camera: spazio libero interno per garantire la rotazione di una carrozzina e larghezza di passaggio di m. 0.90 sui due lati di un letto a due piazze ed almeno ad un lato di un letto ad una piazza e di m. 1.10 ai piedi del letto stesso.

Capo IV

Dell'abbattimento delle barriere architettoniche

La legge 13 del 9 gennaio 1989 è la principale legge italiana ad occuparsi di barriere architettoniche e del loro abbattimento, rivolta principalmente ai cittadini disabili.

Essa prevede anche che ai cittadini sia data la possibilità di accedere a dei contributi, erogati dal Comuni di residenza, per eliminare le barriere architettoniche nelle loro case e negli edifici privati.

I contributi sono concessi su immobili già esistenti dove risiedano persone disabili con menomazioni o limitazioni funzionali permanenti, ma anche su immobili adibiti a centri o istituti residenziali per assistenza disabili.

I contributi possono essere richiesti per diversi interventi, che contemplano anche opere in parti comuni di un edificio (es. ingresso di un condominio) o installazione di rampe, come pure per l'acquisto di attrezzature come montascale o servoscala.

Sezione I

Delle rampe

La pendenza di eventuali rampe di collegamento fra piani orizzontali diversi, varia in funzione della lunghezza delle rampe stesse, e precisamente:
- per rampe fino a m. 0.50 la pendenza massima ammessa è del 12%;
- per rampe sino a m. 2.00 la pendenza massima ammessa è del 8%;
- per rampe fino a m. 5.00 la pendenza massima ammessa è del 7%;
- oltre i m. 5.00 la pendenza massima ammessa è del 5%.

Qualora al lato della rampa si presenti un dislivello superiore a cm. 20, la rampa dovrà avere un cordolo di almeno 5 cm di altezza.

Sezione II

Dei parcheggi

Nelle aree di sosta di parcheggio, pubblico e privato, deve essere riservato almeno un parcheggio in aderenza alle aree pedonali, al fine di agevolare il trasferimento dei passeggeri disabili dall'autovettura ai percorsi pedonali stessi.

Nei parcheggi con custodia dei veicoli dovranno essere riservati ai non deambulanti almeno un posto ogni cinquanta posti macchina o frazione.

Se il parcheggio si trova ad un piano diverso da quello del marciapiede, il collegamento con lo stesso dovrà avvenire con un sistema di ascensori o di rampe aventi le stesse caratteristiche, previste dalle presenti norme per gli impianti analoghi.

I parcheggi per i disabili devono garantire le seguenti prestazioni minime:
- l'area propria di parcheggio relativa all'ingombro del veicolo, deve essere affiancata da uno spazio zebrato con una larghezza minima tale da consentire la rotazione di una carrozzina e, comunque, non inferiore a m. 1.50;
- lo spazio di rotazione, complanare all'area di parcheggio, deve essere sempre raccordata ai percorsi pedonali;
- le aree di parcheggio, di manovra e di raccordo devono avere le stesse caratteristiche dei percorsi pedonali;
- la localizzazione del parcheggio deve essere evidenziata con segnalazioni su pavimentazioni e su palo.

Sezione III

Delle costruzioni edilizie

Al fine di agevolare l'accesso, gli spostamenti interni e l'utilizzo della parti comuni devono essere rispettate le seguenti norme nelle costruzioni e strutture indicate dall'art. 5 della Legge, alle lettere:

A. gli edifici e i locali pubblici e di uso pubblico ivi compresi gli esercizi di ospitalità ;

B. gli edifici di uso residenziale abitativo;

C. gli edifici e i locali destinati ad attività produttive di carattere industriale, agricolo, artigianale, nonché ad attività commerciale e del settore terziario;

D. le strutture e gli impianti fissi connessi all'esercizio dei trasporti pubblici di persone di competenza regionale;

E. le strutture e gli impianti di servizio di uso pubblico, esterni o interni alle costruzioni.

Sezione IV

Degli accessi

Per agevolare l'accesso alle costruzioni edilizie è necessario prevedere spazi, varchi e/o porte esterne allo stesso livello dei percorsi pedonali o con essi raccordati mediante rampe e nel rispetto delle seguenti prestazioni minime:

• gli accessi devono avere una luce netta minima di m. 1.50;

• zone antistanti e retrostanti l'accesso devono essere in piano, estendersi per ciascuna zona per una profondità non inferiore a m. 1.50 ed essere protette dagli agenti atmosferici;

• il piano dei collegamenti verticali deve essere allo stesso livello dell'accesso;

• eventuali differenze di quota non devono superare i cm. 2.50 ed essere sempre arrotondati in caso di contrario devono essere raccordati con rampe conformi a quanto previsto dal presente allegato.

Sezione V

Dei percorsi interni generali: piattaforme di distribuzione, corridoi, passaggi

Lo spostamento all'interno della costruzione dai percorsi orizzontali a quelli verticali deve essere mediato attraverso piattaforme di distribuzione, quali vani ingresso o ripiani di arrivo dei collegamenti verticali, dalle quali sia possibile accedere ai vari ambienti, esclusi i locali tecnici, solo con percorsi orizzontali.

Piattaforme, corridoi e passaggi devono garantire le seguenti prestazioni minime:

• il lato minore di ogni piattaforma di distribuzione e la larghezza minima dei corridoi e/o passaggi deve sempre consentire spazi di manovra e di rotazione di una carrozzina e comunque non essere mai inferiore a m. 1.50;

• la rampa scala in discesa deve essere risposta in modo da evitare la possibilità di essere imboccata incidentalmente uscendo dagli ascensori;

• ogni piattaforma di distribuzione dell'edilizia pubblica deve essere dotata di tabella dei percorsi degli ambienti da essa raggiungibili.

Sezione VI

Delle scale

Le scale devono presentare un andamento regolare ed omogeneo per tutto il loro sviluppo e se questo non è possibile si dee mediare con ripiani o rampe di adeguato sviluppo.

La pendenza deve essere costante e le rampe devono contenere possibilmente lo stesso numero di gradini.

La larghezza delle scale deve permettere il passaggio contemporaneo di due persone ed il passaggio orizzontale di una barella con una inclinazione massima del 15% lungo il suo asse longitudinale.

I gradini delle scale devono avere una pedata antisdrucciolevole minima di cm. 30 ed una alzata massima di cm. 16, a pianta preferibilmente rettangolare e con un profilo continuo a spigoli arrotondati.

Le scale devono essere dotate di un corrimano posto ad un altezza di m. 0.90.

Il corrimano appoggiato al parapetto deve essere senza soluzione di continuità passando da una rampa alla successiva; per le rampe di larghezza superiore a m. 1.80 ci deve essere un corrimano sui due lati; il corrimano appoggiato alle pareti sui due lati; il corrimano appoggiato alle pareti deve essere prolungato si m. 030 oltre il primo e l'ultimo gradino.

In caso di utenza predominante di bambini si deve prevedere un secondo corrimano ad altezza proporzionata all'età degli utenti.

Eventuali difese verso il vuoto devono essere attuate mediante parapetti con un altezza minima pari a m. 1.00.

Sezione VII

Dei ripiani

L'integrazione dei collegamenti verticali interni può essere attuata con eventuali rampe e/o ripiani.

Rampe e ripiani interni devono rispettare le caratteristiche richieste le pe rampe facenti parte di percorsi pedonali esterni.

Ogni m. 10 di lunghezza od in presenza di interruzioni mediante porte, la rampa deve presentare un ripiano di lunghezza minima pari a m. 1.50 al netto dell'ingombro di apertura di eventuali porte.

Deve essere dotata di corrimano a m. 0.90 di altezza e di cordoni laterali di protezione.

Sezione VIII

Degli ascensori

Per garantire il servizio a tutti i locali, il numero e le caratteristiche degli ascensori dovranno essere proporzionati alle destinazioni dell'edificio, alle presenze, ai tempi di smaltimento, di attesa ed al numero delle fermate.

Le indicazioni ai piani ed all'interno dell'ascensore dovranno esser percettibili con suono e tattilmente sulle bottoniere interne ed esterne; nell'interno della cabina, oltre il campanello di allarme deve essere posto un citofono; bottoniere, campanello d'allarme e citofono dovranno essere posti ad una altezza compresa fra i m. 0.80 ed i m. 1.20.

In tutti gli edifici, di cui alle lett. a), c), f), g) dell'art. 5 della Legge con più di un piano fuori terra deve essere previsto almeno un ascensore con le seguenti dimensioni e caratteristiche:
• una lunghezza di m. 1.50 ed una larghezza di m. 1.37;
• avere una porta a scorrimento laterale con una luce netta di almeno cm. 90.

Negli edifici di edilizia residenziale abitativa con più di tre piani fuori terra l'accesso agli alloggi deve essere garantito da almeno un ascensore con le seguenti dimensioni minime:
• lunghezza m. 1.30 e larghezza m. 0.90;
• -porta a scorrimento laterale, sul lato più corto, con una luce netta di m. 0.85.

Sezione IX

Delle pedane elevatrici e piattaforme mobili

Negli interventi su edifici esistenti con meno di tre piani fuori terra sono consentiti, in via subordinata ad ascensori e rampe, impianti alternativi servo-assistiti per il trasporto verticale di persone quali, ad esempio, pedane e piattaforme mobili.

Tali impianti speciali dovranno avere spazi di accesso e dimensioni tali da garantire l'utilizzo da parte di persone in carrozzella e, se, esterni, dovranno essere protetti dagli agenti atmosferici.

Sezione X

Dei locali igienici

In tutte le costruzioni e le strutture, ad esclusione di quelle ad uso residenziale abitativo, al fine di consentire l'utilizzazione dei locali igienici anche da parte di persone a ridotte o impedite capacità fisiche, almeno un locale igienico deve essere accessibile mediante un percorso continuo orizzontale o raccordato con rampe, e garantire le seguenti prestazioni minime:

- porte apribili verso l'esterno o scorrevoli e spazio libero interno per garantire la rotazione di una carrozzina o comunque non inferiore a m. 1.35x1.50 tra gli apparecchi sanitari e l'ingombro di apertura delle porte;
- spazio per l'accostamento laterale della carrozzina alla tazza del gabinetto, se presente, alla doccia od alla eventuale vasca da bagno;
- dotazione degli opportuni corrimani orizzontali e verticali realizzati con tubo di acciaio e di un campanello di emergenza posto in prossimità della tazza del gabinetto.

Sezione XI

Dei pavimenti

I pavimenti all'interno della struttura edilizia, ove necessario, possono contribuire ad una chiara individuazione dei percorsi e ad una eventuale distinzione dei vari ambienti di uso, mediante un'adeguata variazione nel materiale e nel colore ed, in particolare, devono garantire le seguenti caratteristiche prestazionali:

- essere antisdrucciolevoli e pertanto realizzati con idonei materiali che ne garantiscano anche la perfetta planarità e continuità;
- non presentare variazioni anche minime di livello, quali ad esempio quello dovute a zerbini non incassati o guide in risalto.

Sezione XII

Degli infissi: porte, finestre e parapetti

Al fine di rendere agevole l'uso delle porte, queste devono essere di facile manovrabilità anche da parte di persone con ridotte o impedite capacità fisiche; devono avere dimensioni tali da permettere il facile passaggio anche di persone su carrozzina - tenendo conto a tal fine che le dimensioni medie di una carrozzina sono cm. 75 di larghezza e cm. 110 di lunghezza -; devono essere evitati spigoli, riporti, cornici sporgenti e quanto altro atto a recare possibile danno in caso di rottura.

Nei locali nei quali normalmente si la progettazione dello spazio urbano e la pianificazione verifica la permanenza di persone, devono essere adottati:

- sistemi di apertura e di chiusura di infissi che prendano in considerazione tutte le soluzioni che, posti ad altezza di m. 0.90 nelle porte e di m. 1.20 nelle finestre, che facilitino la percezione, le manovre di apertura e chiusura da parte dei soggetti con ridotte o impedite capacità fisiche e che non siano di impedimento al passaggio;
- è da preferire l'uso di maniglie a leva;
- modalità esecutive per finestre e parapetti di balconi tali da consentire la visuale tra interno ed esterno anche ai non deambulanti in carrozzina.

Sezione XIII

Delle attrezzature di uso comune: apparecchi elettrici e cassette per la corrispondenza

Gli apparecchi elettrici manovrabili da parte della generalità delle persone, come gli apparecchi di comando, i citofoni, gli interruttori ed i campanelli di allarme, devono essere posti, preferibilmente ad una altezza di m. 1.20 dal pavimento.

Le prese di corrente dovranno essere poste ad un'altezza minima di m. 0.45.

Piastre e pulsanti devono risultare facilmente individuabili e visibili anche nel caso di illuminazione nulla.

Tutti gli apparecchi elettrici di segnalazione devono essere posti nei vari ambienti in posizione tale da consentire l'immediata percezione visiva e acustica.

In tutti gli edifici che comportano la presenza di cassette per la raccolta della corrispondenza, è necessario prevederne almeno una di cui l'accessorio più alto si trovi tra i m. 0.90 ed i m. 1.20 di altezza.

Capo V

Delle barriere architettoniche ed edifici pubblici

Le barriere architettoniche negli edifici pubblici e il loro abbattimento fanno invece capo al Decreto del Presidente della Repubblica 503/1996 "recante norme per l'eliminazione delle barriere architettoniche negli edifici, spazi e servizi pubblici".

Il decreto stabilisce che tutti gli spazi pubblici debbano garantire la fruizione a chiunque abbia capacità motoria limitata, che si traduce non solo nell'abbattimento delle barriere architettoniche, ma anche nell'installazione di tutti gli ausili necessari agli edifici pubblici per poterli definire accessibili.

Nel 2013, l'Atto della Camera dei Deputati 1013 del 21/10/2013, "Disposizioni per il coordinamento della disciplina in materia di abbattimento delle barriere architettoniche", ha proposto l'emanazione di un regolamento unico per accorpare, uniformare e dettare con chiarezza le disposizioni tecniche per "gli edifici pubblici e privati e per gli spazi e i servizi pubblici o aperti al pubblico o di pubblica utilità", e per promuovere l'adozione della progettazione universale per la costruzione di ambienti e prodotti utilizzabili da tutti o almeno dalla maggior parte delle persone.

I contributi per l'abbattimento delle barriere architettoniche

La legge 13/1989 prevede e definisce i contributi ai quali può accedere chiunque voglia intraprendere un'opera di abbattimento delle barriere architettoniche in caso di presenza di persone con disabilità motoria e per i non vedenti.

Anche l'installazione di montascale e miniascensori fa parte degli interventi che godono dei benefici economici, non solo all'interno di un'abitazione, ma anche nelle parti comuni di un edificio come per esempio le scale all'interno di un condominio.

I contributi sono a fondo perduto e si quantificano in base alla spesa prevista per gli interventi, vanno richiesti al comune di residenza, che effettua le verifiche previste per legge e, se non ci sono impedimenti, li eroga dopo l'emissione delle fatture che certificano gli interventi fatti e le spese sostenute.

Nel caso specifico dell'installazione di un montascale o di una piattaforma elevatrice, si può far ricorso alle agevolazioni fiscali come le detrazioni IRPEF per le ristrutturazioni edilizie e le agevolazioni per il superamento delle barriere architettoniche.

L'IVA è al 4% e la detrazione è pari al 19% per l'acquisto dei mezzi per la deambulazione, la locomozione, il sollevamento e l'accompagnamento delle persone con ridotte capacità di movimento autonomo.

Titolo V

Del Catasto

Capo I

Della definizione del catasto

Il catasto italiano è il registro dei beni immobili siti nel territorio dello Stato. È suddiviso in Catasto dei terreni e Catasto dei fabbricati.

Il catasto vigente in Italia è particellare, geometrico, non probatorio e ad estimo indiretto.

Capo II

Della storia del catasto

I catasti comunali o estimi del Medioevo stabilivano che i cittadini avessero iscritti in essi i loro beni mobilie immobili.

C'erano spesso grandi differenze tra gli Stati.

Con l'Impero napoleonico i funzionari applicarono un modello comune.

Tuttavia solo con l'unità d'Italia ci fu una grande rielaborazione dei catasti, poiché i sistemi in uso negli stati preunitari differivano ancora fra loro per metodo ed evidenze; alcuni erano geometrici, altri descrittivi, qualcuno mancava di triangolazioni, di misurazioni, di scale e di diverse basi.

La prima norma dell'Italia unita al riguardo, la legge n. 1831 del 14 luglio 1864, detta poi "legge sul conguaglio provvisorio", poiché doveva durare fino al 1867, tentò di definire l'imposta fondiaria nel neonato regno.

I risultati furono pessimi anche per via dell'imposizione, che si basava sulle superfici anziché sulla loro redditività.

Nell'anno 1901 nasce nell'ambito del Ministero delle Finanze la Direzione Generale del Catasto e dei Servizi Tecnici.

Con la legge n. 321/1901 fu introdotto il "tipo di frazionamento". Venne poi approvato con R.D. n. 1572 dell'8 ottobre 1931 il testo unico delle leggi sul nuovo catasto, seguito dal regolamento di cui al R.D. n. 2153 dell'8 dicembre 1938 (regolamento per la conservazione del catasto terreni).

Con essi fu introdotta la separazione tra catasto terreni e catasto fabbricati.

Il catasto dei fabbricati, istituito con la legge n. 652 dell'11 settembre 1939, modificata dal decreto legge n. 514 dell'8 aprile 1948, è entrato in vigore con il regolamento attuativo di cui al D.P.R. n. 1142 del 01/12/1949 - il Nuovo Catasto Edilizio Urbano (NCEU) e in conservazione il 1° gennaio 1962).

Occorrerà un trentennio per gettarne le basi, a seguito di un lavoro preliminare di accertamento, e per procedere alle successive operazioni di qualificazione, di classificazione e di formazione delle tariffe.

Nel 1940 fu adottato il sistema di rappresentazione Gauss-Boaga, inizialmente per alcune registrazioni geodetiche locali, poi per la cartografia generale.

Con la legge n. 1043 del 17 agosto 1941 il catasto conosce una delle prime e innumerevoli riforme che si sono succedute nel corso degli anni: infatti la legge n. 68 del 2 febbraio 1960 ammise l'amministrazione del catasto negli organi cartografici dello Stato e con la legge n. 679 del 1° ottobre 1969 fu introdotto il "tipo mappale". Negli anni ottanta il materiale cartaceo del vecchio catasto venne informatizzato e digitalizzato.

Negli anni 2000 l'accesso alle informazioni è stato reso possibile via internet, sia per soggetti istituzionali (geometri, enti) che per i privati.

Capo III

Delle caratteristiche del catasto

Il Catasto raccoglie le informazioni essenziali su tutti i beni immobili presenti in Italia. Ogni immobile è identificato da due o, talvolta, tre numeri (cosiddetti *identificativi catastali*) detti *foglio, particella* (o *mappale*) ed, eventualmente, *subalterno*.

Il territorio di ogni Comune italiano è rappresentato su dei fogli di carta, detti *fogli di mappa*, numerati progressivamente (quindi ogni Comune possiede il foglio 1 e poi a seconda delle dimensioni ci possono essere il 2, il 3, ecc. fino a che l'intera superficie municipale sia interamente disegnata).

Tutti gli appezzamenti di terreno contenuti in ogni foglio vengono ulteriormente numerati sempre a partire da 1.

Queste porzioni di superficie vengono denominate *particelle o mappali*.

Talvolta i mappali contengono dei fabbricati; in tal caso, poiché in un singolo appezzamento di terreno ci possono essere porzioni di fabbricato non appartenenti allo stesso proprietario (ad esempio in un condominio), queste particelle possono essere divise in più unità (che generalmente si sviluppano in verticale e quindi non sono rappresentate sulla mappa) alle quali viene assegnato un terzo numero detto *subalterno*.

Ad ogni unità immobiliare identificata come esposto fanno capo una serie di informazioni obbligatorie:

• Categoria (per i fabbricati), Qualità (per i terreni): descrivono la tipologia dell'immobile. Ad esempio villa, villino, autorimessa, prato, vigneto, ecc.;

• Superficie catastale: superficie dell'immobile determinata secondo criteri dettati dalla legge;

• Rendita: essa è il guadagno medio presunto che si dovrebbe ottenere dall'immobile. I terreni posseggono due rendite: il Reddito

Dominicale, legato al possesso del bene in sé e per sé, ed il Reddito Agrario, il quale spetta a chi sfrutta commercialmente l'appezzamento.

Inoltre vi possono essere anche delle informazioni facoltative:

• Sezione urbana: porzione di Comune, come ad esempio un rione;

• Zona censuaria e Microzona: porzioni di Comune che si differenziano dal resto del territorio.

Infine il Catasto registra anche le quote di proprietà e di titolarità di altri diritti reali.

Capo IV

Dei documenti catastali

Il Catasto italiano fornisce i seguenti documenti:

- Fogli di mappa: sono dei fogli su cui è disegnato il territorio di ogni Comune;

- Estratti di mappa: sono dei fogli su cui è rappresentata una porzione della mappa catastale, la quale rappresenta una particella e ciò che vi si trova attorno;

- Visure catastali: sono dei documenti che espongono analiticamente i dati degli immobili registrati. Possono essere: • Per soggetto, se riportano tutti gli immobili cui è collegato un soggetto;

- Per immobile, se sono relative ad un singolo immobile;

- Attuali, se riportano dati correnti;

- Storiche, se riportano anche i dati passati;

- Planimetrie catastali: disponibili solo per i fabbricati, riportano il disegno dell'immobile.

Per i possessori gli atti catastali sono gratuitamente disponibili tramite i servizi telematici Entratel e Fisconline di Agenzia delle Entrate cui tutti possono registrarsi.

I citati portali permettono anche la consultazione dei dati catastali essenziali di terzi, avendone a disposizione il codice fiscale.

I notai, i geometri e gli altri tecnici hanno accesso agli atti catastali, dietro pagamento dell'imposta catastale.

I Comuni, solo e solamente per i fini istituzionali, hanno accesso alla banca dati catastale a titolo gratuito.

Capo V

Del catasto dei terreni

Il catasto terreni è l'inventario generale dei terreni esistenti in Italia, istituito a scopo fiscale.

Il catasto terreni italiano è:

• *Geometrico*, ovvero per la sua costituzione sono stati fatti dei rilievi topografici sul territorio, cioè delle misurazioni reali (la tipologia opposta è quella del catasto *descrittivo*, non fondato su misurazioni bensì su descrizione degli appezzamenti);

• *Particellare*, poiché tutti gli appezzamenti censiti prendono il nome di particelle catastali;

• *Per qualità, classi e tariffe*, ovvero ad ogni particella è stata attribuita la qualità di coltura (es. prato, oliveto, giardino, ecc.), la classe di merito (es. prima, seconda, ecc. in relazione alla produttività) ed in base ad un apposito quadro tariffario ne è stata determinata la rendita;

• *Non probatorio* (almeno nella stragrande maggioranza dei Comuni italiani), ovvero non sufficiente a fornire la prova giuridica della proprietà. Nelle province in passato appartenenti all'Impero asburgico che a seguito della Prima guerra mondiale sono passate all'Italia, e cioè quelle di Bolzano, Trento, Trieste, Gorizia, nonché in alcuni Comuni delle province di Belluno, Brescia, Udine e Vicenza, il Catasto può dare indicazioni probatorie sulla proprietà dei terreni essendo in continuità con il catasto asburgico. Quest'ultimo si basa infatti sul Libro tavolare, un registro che fornisce la certificazione dell'effettiva proprietà dei terreni iscritti.

Capo VI

Del catasto dei fabbricati e le categorie catastali

Nell'ordinamento italiano, il catasto dei fabbricati consiste in un inventario dei fabbricati stessi.

Le unità immobiliari censite nel catasto fabbricati sono assegnate ad una determinata categoria fra quelle rese disponibili dalla legge.

Ogni categoria identifica una tipologia di immobili (ad esempio: A/7, abitazioni in villini; oppure C/1, negozi e botteghe) e ne influenza la rendita.

Ad ogni fabbricato censito nel Catasto è attribuita una categoria catastale, ovvero una tipologia, alla base della determinazione della rendita.

Furono introdotte con il regio decreto-legge 13 aprile 1939 n. 652, che riformò la disciplina relativa al catasto istituendo il catasto dei fabbricati, alla base del Nuovo Catasto Edilizio Urbano (NCEU).

Gli immobili censiti nel Catasto dei terreni, invece, non posseggono categoria bensì qualità.

Sezione I

Degli immobili a destinazione ordinaria

Gruppo A:

A/1 Abitazioni di tipo signorile
Unità immobiliari appartenenti a fabbricati ubicati in zone di pregio con caratteristiche costruttive, tecnologiche e di rifiniture di livello superiore a quello dei fabbricati di tipo residenziale.

A/2 Abitazioni di tipo civile
Unità immobiliari appartenenti a fabbricati con caratteristiche costruttive, tecnologiche e di rifiniture di livello rispondente alle locali richieste di mercato per fabbricati di tipo residenziale.

A/3 Abitazioni di tipo economico
Unità immobiliari appartenenti a fabbricati con caratteristiche di economia sia per i materiali impiegati che per la rifinitura, e con impianti tecnologici limitati ai soli indispensabili.

A/4 Abitazioni di tipo popolare
Unità immobiliari appartenenti a fabbricati con caratteristiche costruttive e di rifiniture di modesto livello. Dotazione limitata di impianti quantunque indispensabili.

A/5 Abitazioni di tipo ultrapopolare
Unità immobiliari appartenenti a fabbricati con caratteristiche costruttive e di rifiniture di bassissimo livello. Di norma non dotate di servizi igienico-sanitari esclusivi.

A/6 Abitazioni di tipo rurale

A/7 Abitazioni in villini
Per villino deve intendersi un fabbricato, anche se suddiviso in unità immobiliari, avente caratteristiche costruttive, tecnologiche e di rifiniture proprie di un fabbricato di tipo civile o economico ed essere dotato, per tutte o parte delle unità immobiliari, di aree esterne ad uso esclusivo.

A/8 Abitazioni in ville
Per ville devono intendersi quegli immobili caratterizzati essenzialmente dalla presenza di parco e/o giardino, edificate in zone urbanistiche destinate a tali costruzioni o in zone di pregio con caratteristiche costruttive e di rifiniture, di livello superiore all'ordinario.

A/9 Castelli, palazzi di eminenti pregi artistici o storici
Rientrano in questa categoria i castelli ed i palazzi eminenti che per la loro struttura, la ripartizione degli spazi interni e dei volumi edificati non sono comparabili con le Unità tipo delle altre categorie; costituiscono ordinariamente una sola unità immobiliare. È compatibile con l'attribuzione della categoria A/9 la presenza di altre unità, funzionalmente indipendenti, censibili nelle altre categorie.

A/10 Uffici e studi privati
Rientrano in questa categoria quelle unità immobiliari che per tipologia, dotazione di impianti e finiture sono destinate all'attività professionale.

A/11 Abitazioni ed alloggi tipici dei luoghi
Baite, baracche in zone terremotate, chalet, dammusi, nuraghi, rifugi di montagna, sassi, trulli, ecc.

Gruppo B:

B/1 Collegi e convitti, educandati; ricoveri; orfanotrofi; ospizi; conventi; seminari; caserme

B/2 Case di cura ed ospedali (senza fine di lucro)

B/3 Prigioni e riformatori

B/4 Uffici pubblici

B/5 Scuole e laboratori scientifici

B/6 Biblioteche, pinacoteche, musei, gallerie, accademie che non hanno sede in edifici della categoria A/9

B/7 Cappelle ed oratori non destinati all'esercizio pubblico del culto

B/8 Magazzini sotterranei per depositi di derrate
Ndr: trattasi di immobili non aventi scopo di lucro ai sensi dell'art. 10 della Legge n. 1249 dell'11/08/1939.

Gruppo C:

C/1 Negozi e botteghe

C/2 Magazzini e locali di deposito

C/3 Laboratori per arti e mestieri

C/4 Fabbricati e locali per esercizi sportivi (senza fine di lucro)

C/5 Stabilimenti balneari e di acque curative (senza fine di lucro)

C/6 Stalle, scuderie, rimesse, autorimesse (senza fine di lucro)

C/7 Tettoie chiuse od aperte

Sezione II

Degli immobili a destinazione speciale

Gruppo D:

D/1 Opifici

D/2 Alberghi e pensioni (con fine di lucro)

D/3 Teatri, cinematografi, sale per concerti e spettacoli e simili (con fine di lucro)

D/4 Case di cura ed ospedali (con fine di lucro)

D/5 Istituto di credito,cambio e assicurazione (con fine di lucro)

D/6 Fabbricati e locali per esercizi sportivi (con fine di lucro)

D/7 Fabbricati costruiti o adattati per le speciali esigenze di un'attività industriale e non suscettibili di destinazione diversa senza radicali trasformazioni
Sono quelle strutture costruiti specificatamente per quel tipo di attività a cui sono destinati. Esempi sono i gli impianti per i rifornimenti di carburante o gli impianti industriali.

D/8 Fabbricati costruiti o adattati per le speciali esigenze di un'attività commerciale e non suscettibili di destinazione diversa senza radicali trasformazioni
Grandi negozi, centri commerciali.

D/9 Edifici galleggianti o sospesi assicurati a punti fissi del suolo, ponti privati soggetti a pedaggio

D/10 Fabbricati per funzioni produttive connesse alle attività agricole (fabbricati rurali)

Sezione III

Degli immobili a destinazione particolare

Gruppo E:

E/1 Stazioni per servizi di trasporto, terrestri, marittimi ed aerei.

E/2 Ponti comunali e provinciali soggetti a pedaggio.

E/3 Costruzioni e fabbricati per speciali esigenze pubbliche
Costruzioni e fabbricati per speciali esigenze pubbliche. Un esempio sono le Caserme dei Carabinieri.

E/4 Recinti chiusi per speciali esigenze pubbliche.

E/5 Fabbricati costituenti fortificazioni e loro dipendenze.

E/6 Fari, semafori, torri per rendere d'uso pubblico l'orologio comunale

E/7 Fabbricati destinati all'esercizio pubblico dei culti.

E/8 Fabbricati e costruzioni nei cimiteri, esclusi i colombari, i sepolcri e le tombe di famiglia.

E/9 Edifici a destinazione particolare non compresi nelle categorie precedenti del gruppo E.

Sezione IV

Delle Entità Urbane

Gruppo F:

F/1 Aree urbane

Area di corte urbana che, per qualche motivo (di solito per effettuare una successiva compravendita), non sono legate ad alcuna unità immobiliare appartenente agli altri gruppi; aree in precedenza occupate da unità immobiliari demolite totalmente.

F/2 Unità collabenti

fabbricati fatiscenti, ruderi, unità con tetto crollato e inutilizzabili.

F/3 Unità in corso di costruzione

F/4 Unità in corso di definizione

Sono il corrispondente delle F/3 per la denuncia di variazione: frazionamento di ville da cui sono ricavati appartamenti per i quali non siano ancora definiti la forma e/o il numero delle unità immobiliari e per i quali è necessario addivenire a un atto di compravendita; porzioni di unità immobiliari non produttive di reddito (stanze scorporate da un appartamento per essere compravendute).

F/5 Lastrici solari

Unità immobiliari, appartenenti ad una ditta diversa da quella del piano sottostante, istituite per poter procedere alla sua edificazione o alla sua compravendita.

F/6 Fabbricato in attesa di dichiarazione

Circolare 1/2009 Agenzia del Territorio.

F/7 Infrastrutture di reti pubbliche di comunicazione

Circolare n.18/E/2017 dell'Agenzia delle Entrate.

Capo VII

Della consistenza del fabbricato

Ogni fabbricato possiede una *consistenza*, ovvero una superficie utile che a seconda dei casi può essere esposta in vani (che a grandi linee corrispondono ai locali, anche se vi sono delle eccezioni) oppure in metri quadri.

La consistenza, moltiplicata per un apposito *quadro tariffario*, genera un valore detto *rendita*.

Tale importo, espresso in euro, rappresenta il reddito medio derivante dall'immobile.

Dal 2015 è, in linea generale, disponibile anche la *superficie catastale*, ovvero la trasposizione in metri quadri dell'immobile (se la consistenza è espressa in vani allora la superficie è la misurazione dei vani; se la consistenza è già in m² allora la superficie potrebbe essere diversa a causa dei differenti metodi di calcolo).

Capo VIII

Dell'accatastamento dei fabbricati

Per essere censite al catasto fabbricati le unità immobiliari richiedono una pratica di accatastamento, redatta da un tecnico professionista abilitato alla libera professione, che si esegue in due fasi principali: la prima è l'introduzione nella mappa catastale del fabbricato, mediante rilievo topografico del lotto, e di almeno tre punti fiduciali di appoggio; la seconda è la presentazione della pratica DOCFA (documenti fabbricati), in cui il tecnico assieme al proprietario propongono al catasto il classamento delle nuove unità immobiliari urbane, mediante la compilazione di appositi modelli catastali digitalizzati dal software DOCFA.

Il catasto, in seguito, può accettare e concludere le fasi di accatastamento o accettare con riserva di modificare il classamento entro un anno.

Sezione I

Del DOCFA

DOCFA (DOcumenti Catasto FAbbricati) è un software per la compilazione dei documenti tecnici catastali e la presentazione agli Uffici provinciali - Territorio del modello di "Accertamento della Proprietà Immobiliare Urbana".

Con tale modello si possono presentare al Catasto:
• Nuovi accatastamenti (dichiarazione rese per edificazione di nuovi fabbricati o ricostruzioni ex novo o ampliamenti);
• Variazioni catastali di edifici esistenti (come destinazioni d'uso, divisione, frazionamenti, ampliamenti, ristrutturazioni e altre variazioni);
• Denunce di unità afferenti a enti urbani.

Sezione II

Del PREGEO

PREGEO (**PRE**trattamento atti **GEO**metrici) è un software realizzato dalla società Sogei in uso presso l'Agenzia delle Entrate. Tale software, ormai giunto alla versione 10.6.0 - APAG, permette ai tecnici professionisti (Dottori Agronomi e Forestali, Agrotecnici,Architetti e Architetti iunior, Geometri, Ingegneri, Periti agrari e Periti industriali) di eseguire gli aggiornamenti cartografici e censuari relativi al catasto terreni.

In particolare, mediante il software Pregeo, si effettuano:
• il tipo mappale (inserimento in mappa di nuovi edifici)
• il tipo particellare
• il tipo frazionamento (divisione di particelle catastali).

Capo IX

Della voltura catastale

Con la domanda di voltura il contribuente comunica all'Agenzia che il titolare di un determinato diritto reale su un bene immobile non è più la stessa persona ma un'altra, per esempio dopo un passaggio di proprietà di una casa, il trasferimento di un usufrutto o una successione.

Il modello, infatti, deve essere presentato per aggiornare le intestazioni catastali e consentire così all'Amministrazione finanziaria di adeguare le relative situazioni patrimoniali.

Devono presentare la domanda di voltura coloro che sono tenuti a registrare gli atti con cui si trasferiscono diritti reali su beni immobili, quindi:
- i privati, in caso di successioni ereditarie e riunioni di usufrutto
- i notai, per gli atti da essi rogati, ricevuti o autenticati
- i cancellieri giudiziari per le sentenze da essi registrate
- i segretari o delegati di qualunque Amministrazione pubblica per gli atti stipulati nell'interesse dei rispettivi enti.

Se più persone sono obbligate alla presentazione, è sufficiente presentare una sola domanda di volture.

Se chi è obbligato non richiede la voltura, possono provvedere direttamente gli interessati.

Dott. Piero Antonio Esposito

A.I.A.S.
Associazione Italiana Amministratori Superiori
Corso di Porta Vittoria, 7
20122 Milano
www.aiasitalia.com

Dott. Piero Antonio Esposito

www.ingramcontent.com/pod-product-compliance
Lightning Source LLC
Chambersburg PA
CBHW032323210326
41519CB00058B/5419